EGGSTREM

P. GAY

PETER GAYMANN HANS-ALBERT STECHL

Kulinarische Achterbahnfahrt

Das Kochbuch aus dem Europa-Park

rombach

Liebe Leserinnen, liebe Leser, liebe Freunde der guten Küche!

W

Woran erinnern Sie sich, wenn Sie an Ihren Urlaub denken? Meer, Berge, Natur, herzliche Menschen ... mit Sicherheit auch an das gute Essen und einen besonderen Wein. **Die großartige kulturelle Vielfalt Europas** spiegelt sich nicht nur in Landschaften, Brauchtum, Sprachen, Kirchen und Klöstern wider, sondern gerade auch in den Kochtöpfen. Und wo ist die Verständigung über Grenzen hinweg am einfachsten: in der Freizeit, im Urlaub und am Tisch beim gemeinsamen Essen und Trinken!

Mit vielfältigen Rezept-Ideen quer durch Europa aus dem großen gastronomischen Angebot des Europa-Park kann dieses Länder-Feeling jeder mit nach Hause nehmen und in der eigenen Küche nacherleben.

Unser Anspruch ist es, wo immer es geht, **in den verschiedenen Europa-Park-Themenbereichen authentisch zu bleiben** und eine gute regionale Küche der jeweiligen Länder anzubieten. Das gehört zum Erfolgskonzept des Europa-Park. Dass es uns gelungen ist, als einziger Freizeitpark der Welt, mit dem **»Ammolite – The Lighthouse Restaurant«** unseren Gästen eine Zweisterneküche zu bieten, ist quasi noch das Sahnehäubchen. Seit kurzem erleben die Besucher außerdem im Restaurant der Zukunft **»Eatrenalin«** eine weltweit einzigartige kulinarische Reise.

Mit großem Vergnügen habe ich die witzigen und hintergründigen **Zeichnungen von Peter Gaymann** und die tollen Rezepte unserer **Europa-Park-Köche** gesehen. Und wenn wir beim Essen bleiben: Das alles wurde höchst professionell und sympathisch »angerichtet« vom renommierten **Gourmet-Autor Hans-Albert Stechl** aus Freiburg.

Genießen und schmunzeln Sie mit dem schlitzohrigen Humor von Peter Gaymann. Und das mitten in unserem lebensfrohen Baden. Was gibt es Schöneres! **Viel Spaß beim Lesen, Lachen und Nachkochen!**

Mit genuss- und humorvollen Grüßen

Ihr Thomas Mack

K

Kopfüber hinein ins kulinarische Vergnügen – das war unser Motto, als wir mit der Idee eines großen und opulent ausgestatteten **Europa-Park-Kochbuches** in Rust anklopften. Selten ist eine Idee so schnell und so begeistert aufgenommen und dann auch umgesetzt worden.

Und es ist ja auch naheliegend: **Europa, diese großartige und völkerverbindende Vision,** muss, um die Menschen zu gewinnen, nicht nur den politischen Verstand erreichen, sondern auch das Herz und den Magen stimulieren.

Es gibt einen Ort, an dem sich das alles wie in einem Brennglas bündelt und gegenseitig ergänzt: der **Europa-Park in Rust.** Fröhlich und unverkrampft die europäische Vielfalt ebenso spielerisch wie abenteuerlich und eben auch **kulinarisch erleben** – so gut geht das nur hier!

Und dass der Europa-Park in vielen Bereichen noch weit über Europa hinaus geht – nach New England, in die Karibik oder nach Südostasien – macht das alles nur noch spannender.

Wir laden Sie herzlich ein, mit uns auf diesen **kunterbunten kulinarischen Trip** zu gehen. Schalten Sie den Herd an, schnippeln Sie Gemüse und Kräuter, würzen Sie Fisch und Fleisch und lassen Sie es sich einfach gut gehen!

Das wünschen Ihnen

Peter Gaymann

Hans-Albert Stechl

Vorspeisen

Vegetarisch

Fisch

Geflügel

Fleisch

Dessert

Wie siehts
mit Allergien
aus?
Thymian, Oregano,
Pfeffer, Chili und
Paprika geht nicht.
Backofen auch nicht.
P. GAY

Guten Appetit zusammen!

SPICES – Küchen der Welt

Cooking international: Im »Spices« haben die »Küchen der Welt« ihren Auftritt – mit diesem kulinarischen Versprechen lockt schon das Schild über dem Eingang des Restaurants im Europa-Park. Mango-Tamarinden, Hamshuka, Chicken Fa fa, Tandoori-Butter-Soße – alleine schon diese Namen machen neugierig und verheißen kulinarische Abwechslung und Erlebnisse, wie man sie nicht jeden Tag auf dem Teller hat.

Ein Muss in dieser Kategorie sind Bowls, in denen eine bunte Vielfalt an Salaten auf exotische Dressings trifft – eben diese Mango-Tamarinden-Soße zum Beispiel. Die Früchte des Tamarindenbaumes sind vor allem in der asiatischen, aber auch in der mexikanischen und brasilianischen Küche weit verbreitet. Süß-säuerlich, herb und auch fruchtig sorgen sie für eine raffinierte Note.

Oder Hamshuka, ein Hummus-Gericht, das seine Wurzeln in der israelischen Küche hat. Ein mit Knoblauch, Tahinpaste, Olivenöl und Kreuzkümmel herzhaft abgeschmecktes Kichererbsenpüree wird mit Hackfleisch kombiniert, dem Cajun, eine traditionelle und leicht scharfe Gewürzmischung aus den Südstaaten der USA, den entscheidenden Pfiff verleiht. Und Chicken Fa fa mit Ingwer, Kokos und Knoblauch hat das Potenzial, andere Gerichte mit Hähnchenfleisch auf die hinteren Plätze zu verdrängen.

KULINARISCHE HIGHLIGHTS
P. GAY

Blattsalat mit Mango-Tamarinden-Dressing

Zutaten für vier Personen

400 g gemischter Blattsalat

Dressing:
275 ml Mangosaft
7 EL weißer Balsamicoessig
1 gestrichener EL Tamarindenpaste
1 gestrichener EL brauner Zucker
7 EL Olivenöl
5 EL Sonnenblumenöl
Salz, Pfeffer

Gemischten Blattsalat waschen und trocken schleudern.

Für das Dressing alle Zutaten in ein hohes Gefäß geben und mit dem Pürierstab zu einem homogenen Dressing mixen.

Salat in eine Schüssel geben, mir dem Dressing vermengen und pfeffern.

Chicken Fa fa

Zutaten für vier Personen

- 2 Hähnchenbrüste
- 1 Zwiebel
- 2 Knoblauchzehen
- 1 daumengroßes Stück Ingwer
- 350 ml Hühnerbrühe
- 1 gestrichener EL Speisestärke
- 2-3 EL kaltes Wasser
- 750 g Blattspinat
- 250 ml Kokosmilch
- Salz, Pfeffer

Knoblauch, Zwiebeln und Ingwer schälen und fein schneiden. Hähnchenfleisch in Streifen schneiden.

In einer Pfanne Öl erhitzen und das Fleisch darin ringsum anbraten, herausnehmen und beiseitestellen. Knoblauch, Zwiebeln und Ingwer in der Pfanne glasig dünsten.

Das Hähnchenfleisch dazugeben, mit der Hühnerbrühe ablöschen und etwa 10 Minuten leicht köcheln, bis das Fleisch gar ist. Den geputzten Spinat dazugeben und etwa 1 Minute weiter köcheln, bis er zusammengefallen ist.

Speisestärke mit kaltem Wasser glatt anrühren, in die Soße schütten, ein paar Minuten köcheln, bis sie leicht abbindet. Kokoscreme dazugeben, weiter köcheln und rühren, bis sie sich aufgelöst hat. Mit Salz und Pfeffer abschmecken.

Chicken Fa fa wird traditionell mit Reis serviert.

Hamshuka

Zutaten für
vier Personen

Hummus
1 Dose Kichererbsen, 480 ml
Abtropfgewicht
1 Knoblauchzehe
Saft von 1 Zitrone
120 ml Tahinpaste
100 ml Wasser
1 EL Olivenöl
Salz, Kreuzkümmel

Hackfleisch
300 g Rinderhackfleisch
1 Zwiebel
250 g passierte Tomaten
1 gehäufter EL Tomatenmark
1 gehäufter TL Cajun
(Gewürzmischung)

Für den Hummus die Kichererbsen in ein Sieb schütten, mit kaltem Wasser abbrausen und abtropfen lassen. Zusammen mit allen weiteren Zutaten in einen Mixer geben und pürieren. Der Hummus sollte eine weiche, geschmeidige Konsistenz haben. Ist die Masse zu trocken, noch etwas Wasser dazugeben.

Die Zwiebeln klein schneiden und in Öl goldgelb braten. Tomatenmark und Hackfleisch dazugeben und mit anbraten. Die Tomaten dazugeben und so lange einkochen, bis die Flüssigkeit weitgehend verdampft ist. Es sollte keine Hackfleischsoße sein, sondern eine kompaktere Konsistenz haben. Mit Cajun würzen.

Zum Anrichten Hummus auf Teller verteilen, eine Mulde hineindrücken und das Hackfleisch in die Mulde füllen.

Tandoori-Buttersoße

Diese Soße wird vor allem in der indischen Küche verwendet und passt zu fast allem: Fisch, Hähnchen oder einfach zum gekochten Reis.

Tomaten, Butter, Sahne und alle Gewürze – bis auf den Bockshornklee – in einen Topf geben, aufkochen und dann auf kleiner Flamme mit geschlossenem Deckel 30 Minuten leicht köcheln lassen. Den Bockshornklee dazugeben, unterrühren und dann alles durch ein feines Sieb streichen.

Zutaten für vier Personen

400 g gehackte Tomaten aus der Dose
70 g Butter
100 g Sahne
½ TL Cayennepfeffer
½ TL Garam Masala (Gewürzmischung aus der indischen Küche)
1 TL gemahlener Ingwer
1 TL gemahlener Kardamom
1 TL getrocknete Bockshornkleeblätter

Schloss Balthasar
Mama schau mal.
Papa erklärt's dir...
T. GAY

Das Schlossrestaurant lädt ein!

Schloss Balthasar

Mitten im historischen Schlosspark mit seinem alten Baumbestand, den Blumenanlagen und den Wasserspielen lädt das Restaurant »Schloss Balthasar« zu einer kleinen **Zeitreise** ein. Stammt der mit viel Liebe zum historischen Detail wieder hergerichtete Bau doch **aus dem Jahre 1442** – ein Veranstaltungsort mit Tradition, aber auch ein Refugium zum Abschalten und zum Entspannen!

Das Restaurant hat sich ganz der **badisch-elsässischen Region** verpflichtet und bietet eine wunderbare Auswahl an Gerichten, die beide Seiten des Rheins kulinarisch widerspiegeln und miteinander verbinden. Rheinzander auf Sauerkraut mit Meerrettichsauce ist hierfür ein ganz besonders signifikantes und leckeres Beispiel. Im glasklaren Wasser der Nebenarme des Rheins gedeihen ganz in der Nähe des Parks prächtige Zander. Sauerkraut ist hüben wie drüben äußerst populär, Fisch damit zu kombinieren, war dagegen ursprünglich eine rein elsässische Spezialität, die jedoch auch auf der badischen Seite mittlerweile viele begeisterte Freunde gefunden hat.

Wer übrigens für eine größere Gesellschaft etwas ganz Besonderes arrangieren möchte: **Das Alemannische Rittermahl**, serviert im historischen Ambiente und umrahmt von Spielleuten und Gauklern, wird man so schnell nicht wieder vergessen.

Es hieß: Zander kalt abbrausen.
P. GAY

Rheinzander auf Sauerkraut mit Meerrettichsoße

Meerrettichsoße Die Schalotten fein würfeln und in Butter glasig anschwitzen, ohne dass sie gelb oder gar braun werden. Mit Weißwein ablöschen, auf die Hälfte einkochen, den Fischfond dazugeben und wiederum auf die Hälfte einkochen. Sahnemeerrettich und Sahne dazugeben, gut verrühren und 5 Minuten sanft köcheln lassen. Mit Salz und Pfeffer abschmecken.

Sauerkraut Alle Zutaten in einen Topf geben und bei geschlossenem Deckel 20 Minuten sanft köcheln. Gelegentlich umrühren.

Zander Die Zanderfilets kalt abbrausen, trocken tupfen, auf beiden Seiten salzen und pfeffern und dann in Mehl wenden. Das Öl in einer Pfanne erhitzen und die Zanderfilets auf der Hautseite bei hoher Hitze 2 Minuten kross braten.
Die Fischfilets umdrehen und die Pfanne vom Herd nehmen. Butter in die Pfanne geben und den Fisch darin 5 Minuten im auf 130 Grad vorgeheizten Backofen gar ziehen lassen.

Sauerkraut auf Tellern anrichten, ein Zanderfilet darauflegen und mit der Soße überziehen.

Zutaten für vier Personen

Meerrettichsoße
2 Schalotten
50 g Butter
50 ml trockener Weißwein
200 ml Fischfond
100 g Sahnemeerrettich
200 ml Sahne
Salz, Pfeffer

Sauerkraut
400 g frisches Sauerkraut
1 Lorbeerblatt
2 Wacholderbeeren
1 TL Zucker
6 schwarze Pfefferkörner
100 ml trockener Weißwein

Zander
4 Zanderfilets mit Haut à 200 g
Salz, weißer Pfeffer
50 g Mehl
50 g Butter
Öl zum Braten

Karamellisierte Creme

Zutaten für sechs Förmchen

7 Eigelb
150 g Zucker
750 g Sahne
1 Vanilleschote
6 gehäufte TL brauner Zucker

Eigelb, Zucker und Sahne in eine Schüssel geben. Die Vanilleschote der Länge nach halbieren, mit einem kleinen Messer das Mark herausschaben und dazugeben. Die Zutaten mit dem Schneebeseneinsatz des Handmixers gut vermengen, bis sich der Zucker aufgelöst hat.

Diese Masse gleichmäßig in 6 feuerfeste Keramiktöpfchen (10 bis 12 Zentimeter Durchmesser) verteilen. Die Töpfchen auf ein Backblech stellen und in den auf 110 Grad vorgeheizten Backofen, Ober- und Unterhitze, schieben. Backen, bis die Creme gestockt ist – das dauert rund 60 Minuten. Aus dem Ofen nehmen und im Zimmer abkühlen lassen.

Sollte sich an der Oberfläche Kondenswasser gebildet haben, wird es mit Küchenpapier abgetupft. Dann eine dünne Schicht braunen Zucker auf die Creme streuen. Mit einem Bunsenbrenner den Zucker bräunen (karamellisieren), also so lange direkt mit der Flamme erhitzen, bis er schmilzt und braun wird.

P. GAY

Süppchen vom Butternusskürbis mit Croûtons

Zutaten für vier Personen

150 g Zwiebeln
400 g Butternusskürbis
150 g Karotten
1 l Gemüsebrühe
1 EL Tannenhonig
½ TL 5-Spice-Gewürzmischung
2 EL Mirin (süßer japanischer Reiswein)
50 ml Sahne
50 g Butter
Salz, Pfeffer
Öl zum Braten

Croûtons
3 Scheiben Toastbrot
50 g Butter
Salz

Die Zwiebeln schälen und in kleine Würfel schneiden. Den Butternusskürbis schälen, die Kerne herauskratzen und grob würfeln. Karotten schälen und ebenfalls würfeln. Butter in kleine Würfel schneiden und im Kühlschrank kaltstellen.

In einem Topf das Öl erhitzen, Zwiebel dazugeben und glasig andünsten. Kürbis und Karotten dazugeben und 1 Minute weiter dünsten. Dann alle restlichen Zutaten mit Ausnahme der Sahne und der Butter dazugeben und eine halbe Stunde sanft köcheln lassen. Nun die Sahne zugießen. Alles in einen Mixer umschütten und gut pürieren. Während der Mixer läuft, die kalten Butterstücke nach und nach dazugeben und untermixen. Mit Salz und Pfeffer abschmecken. Suppe durch ein feines Sieb gießen.

Croûtons Die Brotscheiben in 5 Millimeter große Würfel schneiden. Die Butter in einer Pfanne bei mittlerer Hitze schmelzen, die Brotwürfel dazugeben und goldgelb rösten. Mit einer Prise Salz würzen.

DAS SOLL FRISCHES GEMÜSE SEIN ?
JAWOHL CHEF !
P. GAY

Schloß Rust
1442

Apfelscheiterhaufen mit Vanillesoße

Die Vanilleschote der Länge nach halbieren und mit einem Messer das Mark herausschaben. Die ausgeschabte Vanilleschote, Sahne und Milch in einem Topf aufkochen. Vom Herd nehmen und ein paar Minuten ziehen lassen.

Eigelbe, Zucker und Vanillemark mit dem Schneebeseneinsatz des Handmixers schaumig schlagen, also so lange, bis die Masse eine helle, fast weiße Farbe bekommt. Dann die Sahne-Milch-Mischung langsam dazugießen, dabei ständig mit dem Schneebesen rühren. Nun die Soße nochmals unter ständigem Rühren mit einem Holzlöffel ganz langsam erhitzen, bis sie etwas andickt. Darauf achten, dass sie nicht mehr aufkocht, sonst gerinnt sie. Danach die Soße durch ein feines Sieb passieren.

Den Hefezopf in Würfel schneiden, etwa doppelt so groß wie die Zuckerwürfel, und in eine Schüssel geben. Die Rosinen in ein bisschen warmem Wasser ein paar Minuten einweichen und zusammen mit Zimt und Vanillezucker dazugeben. Milch und Sahne aufkochen, gleichmäßig über den Hefezopf gießen und danach 10 Minuten stehen lassen, damit die Hefezopfwürfel die Flüssigkeit aufsaugen können.

Die Äpfel schälen, Kernhaus entfernen und in kleine Stücke schneiden. Apfelstücke und Eigelb zum Hefezopf dazugeben und alles gut miteinander vermischen. Eiweiß mit dem Zucker steif schlagen, unter die Masse heben und diese in eine ausgebutterte Auflaufform füllen. Im auf 170 Grad vorgeheizten Backofen, Ober- und Unterhitze, 25 Minuten backen. Danach aus der Form auf einen Teller stürzen, mit Puderzucker bestreuen und die Vanillesoße angießen.

Zutaten für vier Personen

Vanillesoße

150 ml Sahne
150 ml Milch
1 Vanilleschote
3 Eigelb
25 g Zucker

Auflauf

300 g Hefezopf vom Vortag
50 g Rosinen
1 Messerspitze Zimtpulver
1 gehäufter TL Vanillezucker
25 ml Milch
125 ml Sahne
4 große Äpfel
2 Eigelb
2 Eiweiß
30 g Zucker

Butter zum Ausbuttern der Auflaufform
Puderzucker

Gebratene Entenbrust

Die Entenbrüste auf der Hautseite mit einem scharfen Messer rautenförmig einschneiden, die Schnitte mit einem Abstand von etwa einem halben Zentimeter. Dabei beachten, dass möglichst nur die Haut und nicht das Fleisch darunter eingeschnitten wird. Auf beiden Seiten mit Salz und Pfeffer würzen. In einer Pfanne auf mittlerer Stufe Öl erhitzen und die Entenbrüste auf der Hautseite etwa 4 bis 5 Minuten kross und goldgelb anbraten. Fleisch umdrehen und auf der anderen Seite 2 Minuten weiter braten. Thymian und Butter dazugeben. Mit einem Löffel die Entenbrüste mit der heißen Butter mehrmals übergießen.

Das Fleisch aus der Pfanne nehmen und auf einer Platte in dem auf 130 Grad vorgeheizten Backofen 5 Minuten weiter garen. Dann das Fleisch aus dem Ofen nehmen und abgedeckt 5 Minuten ruhen lasen, bevor es in Scheiben aufgeschnitten wird.

Balsamico-Rotwein-Soße Mit dem Wasser den Bratensatz aus der Pfanne, in der das Fleisch angebraten wurde, loslösen. Dann den Zucker dazugeben und einkochen lassen, bis der Zucker leicht karamellisiert. Mit dem Balsamicoessig ablöschen und einkochen, bis sie etwas dickflüssig ist. Den Rotwein dazugeben und um gut die Hälfte reduzieren. Nun Thymian und Entenfond dazugießen und weiter einkochen, bis die Soße die gewünschte Konsistenz hat. Zum Schluss die kalte Butter aus dem Kühlschrank in kleinen Stücken nacheinander mit dem Schneebesen einrühren. Mit Salz und Pfeffer abschmecken.

Macaire-Kartoffeln Kartoffeln schälen, in grobe Würfel schneiden und in Salzwasser weichkochen. Abschütten und 2 Minuten gut abtropfen und ausdampfen lassen.

Speck in feine Streifen schneiden oder klein würfeln, die Zwiebeln fein würfeln und beides zusammen in etwas Öl anschwitzen, bis die Zwiebeln glasig sind. Beiseitestellen.

Die Kartoffeln durch eine Presse drücken und mit der Zwiebel-Speck-Mischung, der klein gehackten Petersilie und den Eigelben gut vermischen und am besten mit den Händen zu einem glatten Teig verarbeiten. Den Teig auf einer bemehlten Arbeitsfläche zu einer Rolle von etwa 6 Zentimeter Durchmesser formen. Ist der Teig zu weich, mit etwas zusätzlichem Mehl abbinden. Die Teigrolle 2 Stunden im Kühlschrank ruhen lassen. Danach die Rolle in 1,5 Zentimeter dicke Scheiben schneiden, diese in Mehl wenden und in einer Pfanne in Öl auf beiden Seiten goldbraun braten.

Zutaten für vier Personen

4 Entenbrüste à ca. 200 g
Salz, weißer Pfeffer
4 Thymianzweige
Öl zum Anbraten
50 g Butter

Balsamico-Rotwein-Soße
50 ml Wasser
50 g Zucker
100 ml dunkler Balsamicoessig
200 ml trockener Rotwein
200 ml Enten- oder Kalbsfond
4 Thymianzweige
60 g kalte Butter
Salz, weißer Pfeffer

Macaire-Kartoffeln
600 g festkochende Kartoffeln
100 g Speck
100 g Zwiebeln
2 gehäufte EL gehackte Petersilie
3 Eigelb
Mehl
Öl zum Anbraten

KITCHEN
T. GAY

Enjoy your meal!

The Three Piglets

Fish and Chips, Pommes und Pub-Atmosphäre – das ist der kulinarische Dreiklang, auf den das englische Restaurant »The Three Piglets« im Europa-Park hört. Wobei es zwischen Fish and Chips und Fish and Chips gewaltige Unterschiede geben kann. Ob der Fisch fertig paniert aus der industriellen Tiefkühlpackung kommt, oder ob frisches Seelachsfilet im selbst aufgeschlagenen, lockeren Bierteig gewendet, punktgenau goldgelb frittiert und mit einer frisch angerührten Remouladensauce serviert wird – dazwischen liegen auch bei einem auf den ersten Blick eher einfachen Essen nun mal Welten.

Auch das koloniale Erbe hat auf der britischen Speisekarte spannende Spuren hinterlassen. Und deshalb gehört die Muligatawny-Suppe mit Currypaste, Kokosmilch, Ananas und Zitronensaft hier ebenso zum festen Bestandteil des Angebots wie ein klassischer Burger mit einem herzhaft-saftigen Patty vom Angusrind.

Hier lässt man es sich gut gehen in dem liebevoll in ein Fachwerk-Ensemble integrierten Restaurant. Man sitzt entweder auf der überdachten Terrasse, im urigen, mit vielen originalen Gegenständen von der Insel ausgestatteten Pub oder ganz gemütlich auf der Wiese mit Blick auf den Seerosenteich.

Aberdeen Angus Burger

Zutaten für vier Personen

Angus Burger
500 g Hackfleisch von Angusrind
Salz, Pfeffer

4 Burger-Brötchen

200 g Burger-Soße
8 Blätter von Salatherzen
4 Scheiben Cheddar-Käse
8 Scheiben Salatgurke
8 Scheiben Tomate

1 Zwiebel
etwas Zucker
12 Scheiben Bacon

Das Hackfleisch – original vom Angusrind – mit Salz und Pfeffer würzen und mit den Händen zu flachen Patties formen. Am einfachsten formt man zunächst eine Bulette und drückt diese dann flach, so dass ein runder, flacher Patty von etwa 1-2 Zentimetern Dicke und etwa 10 Zentimetern Durchmesser entsteht. Die Patties in der Pfanne oder auf einem Grill auf beiden Seiten gut braten.

Zwiebeln in dünne Scheiben schneiden und in der Pfanne goldgelb braten. Leicht mit Zucker bestäuben, damit sie karamellisierern. Die Bacon-Scheiben in einer Pfanne kross braten. Die Brötchen halbieren und toasten. Salatgurke und Tomate in Scheiben schneiden.

Burger-Soße auf dem unteren Teil des Burger-Brötchens verteilen. Salat, Patty, Käse, Tomate, Gurke, Zwiebeln und Bacon übereinander darauf schichten, etwas Burger-Soße obendrauf geben, den oberen Teil des Burger-Brötchens darauflegen, leicht zusammendrücken und mit einem Spießchen fixieren.

Sie reitet auf dem Schneebesen.
Was will sie uns damit sagen?
Kochen ist keine Hexerei.
T. GAY

Wie schreibt sich jetzt diese Muligata... sowieso-Suppe ??
SPEISEKARTE
Mulli
ENGLISCHE WOCHE !
Schreib einfach EINTOPF !
CURRY

Muligatawny-Suppe

Die Muligatawny-Suppe, ein scharfes Curry-Gericht, ist seit der zweiten Hälfte des 19. Jahrhunderts fester Bestandteil der britischen Küche und ein koloniales Erbe aus Indien.

Möhre, Lauch und Schalotten putzen und in kleine Stücke schneiden. Das Hühnerfleisch in fingerdicke Scheiben schneiden und diese halbieren. Zunächst das Hühnerfleisch in einem Wok oder Topf in heißem Öl kräftig anbraten, herausnehmen und beiseitestellen. Möhre und Lauch kräftig anbraten, dann die Hitze etwas reduzieren und die Schlotte dazugeben. Wäre die Schalotte gleich von Anfang an mit dabei, würde sie zu dunkel und damit bitter. Mango, Apfel, Ananas und Ingwer schälen und klein würfeln, Peperoni halbieren, die Kerne herauskratzen und in feine Streifen schneiden. Alles zusammen mit der Currypaste dazugeben. Die Hühnerbrühe angießen und bei schwacher Hitze 15 Minuten köcheln lassen.

Weißwein, Sahne und Kokosmilch dazugeben, ein paar Minuten köcheln lassen und dann mit dem Mixstab pürieren. Mit Zitronensaft, Salz, Pfeffer und einer Prise Zucker abschmecken. Das Hühnerfleisch zurück in die Suppe legen, noch einmal aufkochen und servieren.

Zutaten für vier Personen

800 g Hühnerbrustfilet
4 Schalotten
1 Möhre, ½ Lauchstange
½ Mango
1 Apfel
50 g Ananas
1 rote Peperoni
50 g Ingwer
2 gehäufte TL indische Currypaste
750 ml Hühnerbrühe
200 ml trockener Weißwein
100 ml Kokosmilch
etwas Zitronensaft
Salz, Pfeffer, Zucker

Fish and Chips

Zutaten für vier Personen

600 g Seelachsfilet
Saft von ½ Zitrone
1 Bund glatte Petersilie
3 EL Öl
Salz, Pfeffer

Bierteig
200 g Mehl
250 ml helles Bier (kein Pils)
1 Ei
½ TL Salz
1 Eiweiß

100 g Mehl
Frittieröl

Fischfilets in mundgerechte Stücke schneiden und in eine Schale legen.

Zitrone auspressen, Petersilie fein hacken und mit Öl vermischen, leicht salzen und pfeffern, über den Fisch verteilen und abgedeckt im Kühlschrank 20 Minuten ziehen lassen.

Für den Bierteig das Mehl in eine Schüssel sieben, Bier, Ei und Salz unterrühren, bis der Teig glatt ist, mit einem Tuch abdecken und 15 Minuten bei Zimmertemperatur quellen lassen. Eiweiß nicht allzu steif schlagen. Den Teig einmal kräftig durchrühren und dann das Eiweiß unterheben.

Fisch aus der Marinade nehmen, mit Küchenpapier abtupfen, die Fischstücke in Mehl wenden und dann in den Teig tauchen. Kurz abtropfen lassen und in heißem Öl goldgelb frittieren. Auf Küchenkrepp legen, damit überschüssiges Fett aufgesaugt wird. Mit Pommes frites, Remouladensoße und Salat servieren.

FISH N'CHIPS
P. GAY

BAR TABAC
Wann war eigentlich Gott in Frankreich?
P. GAY

Bon appétit en France!

Bistro Tomi Ungerer

Das Bistro »Tomi Ungerer« ist eine Hommage an den unvergessenen Zeichner, Karikaturisten, Autor, Lebenskünstler und Menschenfreund Tomi Ungerer. Der gebürtige Straßburger hat sich Zeit seines Lebens für die **Deutsch-Französische Freundschaft** und für ein vereintes Europa eingesetzt. Gibt es einen besseren Patron als ihn für das französische Restaurant im Europa-Park? Sicher nicht.

Tomi Ungerer ist nicht nur für seine Kinderbücher und für **»Das große Liederbuch«** weit über die Grenzen Frankreichs hinaus bekannt, sondern auch für seine gesellschaftskritischen Zeichnungen, in denen er immer wieder gesellschaftliche Normen, Konventionen und die Politik ebenso kritisch wie humorvoll hinterfragt hat. Im Bistro sind Zeichnungen, Bücher und Erinnerungsstücke zu bestaunen, denn der Elsässer war auch ein guter und enger Freund der Familie Mack.

Das Restaurant, das in erster Linie für Besuchergruppen geöffnet ist, strahlt die typische gemütliche Atmosphäre aus, wie wir es vor allem von den Bistros aus Lyon kennen, die dort auch **»Bouchon«** genannt werden. **Mit Klassikern aus der französischen Bistro-Küche** kommen auch die Gaumenfreuden nicht zu kurz: Coq au Vin, Flammkuchen und zum Dessert ein feines Eclair mit Vanillecreme. Dass auf der Weinkarte Crémant, Riesling und Pinot Noir aus dem benachbarten Elsass vertreten sind, versteht sich!

MOULI

Coq au Vin

Das Hähnchen innen und außen kalt abwaschen, trocken tupfen und in acht Teile zerlegen (zwei Flügel, zwei Oberkeulen, zwei Unterkeulen und zwei Brustfilets). Möhren schälen, der Länge nach je nach Dicke vierteln oder halbieren und dann in Stücke von etwa 5 Zentimetern Länge schneiden. Die Pilze säubern und – je nach Größe – halbieren oder vierteln. Schalotten und Knoblauch schälen und vierteln.

In einem Schmortopf Öl erhitzen und die Hähnchenteile rundherum goldbraun anbraten. Herausnehmen und beiseitestellen. Schalotten, Knoblauch, Möhren und Pilze in dem Bratfett anbraten, bis die Schalotten und der Knoblauch eine goldgelbe Farbe angenommen haben.

Wein und Bouillon in den Topf gießen, die Hähnchenteile und die Thymianzweige hineinlegen, mit Salz und Pfeffer würzen und zugedeckt bei mittlerer Hitze 45 Minuten schmoren.

Fleisch herausnehmen. Soße durch ein Sieb gießen, aufkochen und mit Speisestärke leicht andicken. Mit Salz, Pfeffer und Zucker abschmecken. Gemüse und Fleisch zurück in die Soße geben, noch einmal aufkochen und mit Thymianzweigen garnieren.

Mit breiten Nudeln servieren.

Zutaten für vier Personen

1 Hähnchen mit etwa 1,5 kg Gewicht
500 g Möhren
500 g Steinchampignons
150 g Schalotten
2 Knoblauchzehen
6 Thymianzweige (4 zum Kochen, 2 für die Garnitur)
2 EL Olivenöl
½ l trockener Rotwein
300 ml kräftige Hühnerbrühe
Salz, Pfeffer
1 Prise Zucker
1-2 EL Speisestärke (Soßenbinder)

400 g breite Nudeln

Koch
au Vin…
P. GAY

Wer ?
Ich ?
ISS MICH!

Eclair mit Vanillecreme

Den Backofen auf 220 Grad, Unter- und Oberhitze, vorheizen. Ein Backblech mit Backpapier auslegen.

Brandteig Für den Brandteig Wasser mit Milch, Butter, Salz und Zucker aufkochen. Den Topf auf dem Herd lassen und das Mehl dazuschütten und mit einem Kochlöffel glatt rühren. So lange rühren, bis sich auf dem Topfboden eine weiße Schicht bildet. Topf vom Herd nehmen, den Teig in eine Schüssel umfüllen und 3 Minuten abkühlen lassen. Dann die Eier einzeln nacheinander mit dem Schneebesen des Handrührers einrühren und zwar so lange, bis der Teig glänzt.

Teig in einen Spritzbeutel mit großer Tülle füllen und jeweils etwa 5 Zentimeter lange Stangen im Abstand von etwa 4 Zentimetern auf das Backpapier spritzen. Im Backofen auf der mittleren Einschubleiste 25 Minuten backen. Den Backofen während der Backzeit nicht öffnen. Die Eclairs herausnehmen, auskühlen lassen und mit einem Messer waagerecht halbieren.

Vanillecreme Mit dem Schneebeseneinsatz des Handrührers in einer Schüssel die zimmerwarme Butter zusammen mit dem Vanillezucker schaumig schlagen. Nach und nach esslöffelweise den Pudding einrühren. Die Vanillecreme in einen Spritzbeutel mit Sterntülle füllen und die untere Hälfte der Eclairs füllen. Den Deckel auflegen und mit Puderzucker bestäuben.

Zutaten für ca. 12 Eclairs

Brandteig
100 ml Wasser
50 ml Milch
2 EL Butter
1 Prise Salz
1 Prise Zucker
100 g Mehl
3 Eier

Füllung
300 g Vanillepudding
130 g zimmerwarme Butter
1 Pck Vanillezucker

Puderzucker

Soll ich heute
Mittag wieder mal
Flammkuchen mit
Apfel machen?
PARADIES
T. Gay

Flammkuchen mit Apfel

Für den Teig Mehl, Hefe, Zucker, Salz und Milch in eine Schüssel geben und mit dem Knethaken der Rührmaschine 5 Minuten kneten. Die Schüssel mit einem Küchentuch abdecken und an einem warmen Ort mindestens 1, besser 2 Stunden gehen lassen.

Den Teig in drei gleich große Portionen teilen, jeweils zu einer Kugel formen und jede Kugel auf einer bemehlten Arbeitsfläche mit dem Wellholz zu einem runden Teigboden von etwa 30 Zentimeter Durchmesser ausrollen. Jeden Teigboden auf ein mit Backpapier ausgelegtes Backblech legen und mit Crème fraîche bestreichen.

Äpfel schälen, Kerngehäuse entfernen und in dünne Scheiben schneiden. Die Apfelscheiben gleichmäßig fächerförmig auf den Flammkuchen legen. Zucker und Zimt mischen und gleichmäßig darüberstreuen.

Die Flammkuchen nacheinander im auf 200 Grad, Ober- und Unterhitze, vorgeheizten Backofen etwa 15 Minuten backen (180 Grad bei Umluft). Der Flammkuchen ist fertig, wenn der Rand eine schöne braune Farbe angenommen hat.

Zutaten für vier Personen

Teig

200 g Mehl, Typ 405
¼ Würfel frische Hefe
1 gehäufter TL Zucker
½ gestrichener TL Salz
125 ml Milch

Belag

200 g Crème fraîche
2-3 Äpfel einer mürben Sorte
1 EL Zucker
1 TL Zimt

Hähnchenkeule in Riesling

Zutaten für vier Personen

4 Hähnchenkeulen
70 g Butter
3 EL Olivenöl
3 Schalotten
1 Knoblauchzehe
8 Thymianzweige
400 ml Riesling (möglichst aus dem Elsass)
250 ml Geflügelfond
400 g Steinchampignons
2 EL Zitronensaft
200 ml Sahne
Salz, Pfeffer, Zucker

Von den Hähnchenkeulen die Haut abziehen, salzen und pfeffern. 30 g Butter und 1 EL Olivenöl in einem Bräter erhitzen und die Keulen darin bei kräftiger Hitze rundum goldbraun anbraten. Die Keulen aus dem Bräter nehmen und beiseitestellen. Das Bratfett abgießen.

Schalotten und Knoblauch sehr fein würfeln, Thymianblätter abzupfen. 20 g Butter und 1 EL Olivenöl im Bräter erhitzen, Schalotten und Knoblauch darin bei milder Hitze glasig dünsten. 250 ml Wein angießen und bei starker Hitze fast vollständig einkochen lassen. Dann Fond und 100 ml Wein dazugeben und aufkochen lassen. Hähnchenkeulen hineinlegen, Thymian einstreuen, Deckel auf den Bräter setzen und 35 Minuten bei mittlerer Hitze schmoren lassen. Die Keulen zwischendurch zweimal wenden.

In dieser Zeit die Champignons putzen und je nach Größe halbieren oder vierteln. Restliche Butter und restliches Öl in einer Pfanne erhitzen und die Pilze bei mittlerer bis starker Hitze 5 Minuten braten. Mit Zitronensaft, Salz und Pfeffer würzen.

Keule aus der Soße nehmen und warm stellen. Sahne in die Soße geben und bei starker Hitze um etwa ein Drittel reduzieren. Restlichen Wein zugießen und mit Salz, Pfeffer und einer Prise Zucker abschmecken. Hähnchenkeulen und Champignons in die Soße geben, noch einmal erhitzen und mit Butternudeln oder Baguette servieren.

Lass uns Zaziki tanzen !!
Das heißt immer noch Sirtaki !!
P. GAY

Καλή όρεξη!

Taverna Mykonos

Manchmal genügt schon ein einziger Name, um in unseren Köpfen Urlaubsstimmung auszulösen. Mykonos – die Kykladen-Insel mit ihren weiß gekalkten Häusern und den 16 Windmühlen als Wahrzeichen gehört ganz sicher mit dazu. Die »Taverna Mykonos« bietet dann auch alles, um aus dieser Stimmung schon auf den ersten Blick Realität werden zu lassen. Holzstühle und schlichte Tische, angestrichen in allen Blautönen, in denen das Ägäische Meer leuchtet, gehören zur traditionellen Grundausstattung in jedem griechischen Restaurant. Sie prägen auch hier die klassische Einrichtung. Von der sonnenbeschienenen Außenterrasse mit ihren weißen und blauen Schirmen geht der Blick auf azurblaues Wasser, die Wasserachterbahn **»Poseidon«** und den Tempel.

Und auf den Tellern finden wir all jene Klassiker, die uns an unseren letzten Griechenlandurlaub erinnern. Gyros, das in feine Streifen geschnittene und mit mediterranen Gewürzen verfeinerte Fleischgericht; der saftige Auflauf Moussaka mit Auberginen und Hackfleisch; knusprige Zucchini-Puffer oder Holzspießchen mit Hackfleisch. Und was natürlich auf keiner griechischen Speisekarte fehlen darf: Zaziki, der fein mit Knoblauch und Olivenöl abgeschmeckte griechische Joghurt.

Gyros

Zutaten für vier Personen

600 g Schweinerücken oder Schweinehals
2 EL Olivenöl
1 Zwiebel
1 Knoblauchzehe
½ TL getrockneter Thymian
½ TL getrockneter Oregano
½ TL getrockneter Majoran
½ TL scharfes Paprikapulver
½ TL Kreuzkümmel
Salz, Pfeffer
Olivenöl zum Braten

Das Fleisch in knapp fingerdicke und etwa 5 Zentimeter lange Streifen schneiden und in eine Schüssel geben. Die Zwiebel und den Knoblauch fein würfeln und zusammen mit den Gewürzen mit dem Fleisch gut vermengen. 2 Stunden in den Kühlschrank stellen und durchziehen lassen.

In einer großen, weiten Pfanne etwas Olivenöl erhitzen und das Fleisch darin verteilen. Nach etwa 3-4 Minuten wenden und nochmals genauso lange weiter braten.

Direkt aus der Pfanne auf Teller verteilen und am besten mit Zaziki servieren.

Soutzoukakia am Holzspieß

Zwiebel und den Knoblauch fein hacken. Petersilienblätter von den Stängeln zupfen und ebenfalls fein hacken. Alle Zutaten in eine Schüssel geben und gut miteinander verkneten. Die Masse in 12 gleichmäßige Portionen aufteilen und mit angefeuchteten Händen daraus nicht zu dünne, längliche Würste formen und diese der Länge nach auf Holzspieße stecken.

Die Spieße in Olivenöl ringsum braten, insgesamt gut 10 Minuten lang. Am besten schmecken die Soutzoukakia, wenn man sie auf dem Holzkohlengrill brät.

Zutaten für vier Personen

1 kg Hackfleisch (Schwein, Rind, Lamm oder gemischt)
1 Msp Kreuzkümmel
1 Msp getrockneter Oregano
1 Msp edelsüßer Paprika (Bukovo)
1 mittelgroße Zwiebel
½ Bund glatte Petersilie
1 Knoblauchzehe
Salz, Pfeffer
12 Holzspieße
Olivenöl zum Braten

Zaziki

Zutaten für
vier Personen

1 Salatgurke
½ TL Salz, um die
Gurkenraspel zu entwässern
500 g griechischer Joghurt
3 Knoblauchzehen
3-4 EL Olivenöl
einige Stängel Dill
Salz, Pfeffer

Ohne Zaziki geht in Griechenland gar nichts. Ein Schälchen mit der würzigen Joghurt-Gurken-Knoblauch-Mischung steht fast immer auf dem Tisch als perfekte Beilage zu so gut wie allen Speisen.

Gurke schälen, der Länge nach halbieren und mit einem Löffel die Kerne herauskratzen. Dann die Gurke grob raspeln, mit Salz vermischen, in ein Sieb geben und eine Viertelstunde durchziehen lassen. Nun mit der flachen Hand auf die Gurkenraspel drücken, damit das Gurkenwasser herausläuft.

Joghurt mit den Gurkenraspeln vermischen. Den Knoblauch ganz fein hacken oder pressen und zusammen mit dem Olivenöl und der Gurkenmasse vermengen. Mit Salz und Pfeffer abschmecken. In eine Schüssel füllen und mit grob gehacktem Dill garnieren. Zum Schluss noch einen Faden Olivenöl darübergeben.

Am besten schmeckt Zaziki, wenn man original griechischen Joghurt nimmt. Dieser hat einen höheren Fettgehalt und eine cremigere Konsistenz.

Sag mal
hast du
Knoblauch
gegessen?
Nee
Zaziki!
T. GAY

Moussaka

Zutaten für vier bis sechs Personen

1 kg festkochende Kartoffeln
500 g Auberginen
½ TL Salz
400 g Tomaten
1 Zwiebel
1 Knoblauchzehe
400 g Rinderhackfleisch
1 Dose stückige Tomaten
1 TL getrockneter Oregano
100 g griechischer Hartkäse, fein gerieben, 2 Eier
Butter für die Auflaufform
Olivenöl zum Braten
Salz, Pfeffer

Béchamelsoße

40 g Butter
40 g Mehl
½ l Milch
Salz, Pfeffer, Muskatnuss

Die Kartoffeln in Salzwasser kochen, abschütten, abkühlen lassen, pellen und in Scheiben von etwa einem Zentimeter Dicke schneiden.

Auberginen abwaschen und in Scheiben von etwa einem Zentimeter Dicke schneiden. Die Scheiben auf beiden Seiten leicht salzen und 20 Minuten ziehen lassen. Dann mit Küchenpapier trocken tupfen und in einer Pfanne in Olivenöl auf beiden Seiten goldbraun braten.

Zwiebel und Knoblauch fein hacken, in einer Pfanne in Öl glasig dünsten, das Hackfleisch dazugeben und anbraten. Die Tomaten dazugeben, mit Oregano, Salz und Pfeffer würzen. Alles gut vermischen und ein paar Minuten ohne Deckel köcheln lassen, so dass diese Soße etwas einkocht.

Die Tomaten in Scheiben schneiden, salzen und pfeffern.

Béchamelsoße Die Butter bei milder Hitze in einem Topf zerlassen. Dann das Mehl unter ständigem Rühren dazugeben. Sobald sich die Butter und das Mehl vollständig miteinander verbunden haben, die kalte Milch ganz langsam zugießen. Dabei mit dem Schneebesen ununterbrochen kräftig rühren. So wird verhindert, dass sich Klümpchen bilden. Sollten sich dennoch welche gebildet haben, lässt man die Soße durch ein Sieb. Nun die Soße bei milder Hitze köcheln, bis sie eine sämige Konsistenz hat. Sollte sie zu dick werden, einfach mit etwas Milch wieder verdünnen. Vom Herd nehmen. 50 g des fein geriebenen Käses mit den Eiern vermischen und diese Mischung mit dem Schneebesen in die Soße rühren. Mit Salz, Pfeffer und Muskatnuss würzen.

Eine Auflaufform ausbuttern. Den Boden der Form mit einer Schicht Kartoffelscheiben bedecken. Die Hackfleischsoße gleichmäßig darüber verteilen. Darauf die Auberginen- und Tomatenscheiben abwechselnd dachziegelartig legen. Dann die Béchamelsoße darübergießen und zum Schluss mit dem restlichen geriebenen Käse bestreuen.

Im vorgeheizten Backofen — 160 Grad, Umluft — rund 45 Minuten backen, bis die Käseschicht gut gebräunt ist.

Tomatenreis

Zutaten für vier Personen

250 g Reis
½ l Gemüsebrühe
250 g passierte oder stückige Tomaten aus der Dose oder 250 g frische Tomaten
2 EL Tomatenmark
1 kleine Zwiebel
1 Knoblauchzehe
Gyrosgewürz
Salz, Pfeffer
Öl zum Braten

Tomatenreis ist eine beliebte Beilage, die zu fast allen griechischen Gerichten passt.

Die Gemüsebrühe aufkochen. Den Reis in einem Sieb unter fließendem kaltem Wasser kurz abbrausen, in die Gemüsebrühe geben und entsprechend der Angaben auf der Packung garen.

Zwiebel und Knoblauch fein würfeln und in einem Topf in etwas Öl bei milder Hitze anschwitzen, so dass die Zwiebel- und Knoblauchstückchen glasig und nicht dunkler als goldgelb werden. Dann das Tomatenmark dazugeben und noch kurz sanft mit anschwitzen. Nun kommen die Tomaten und der Reis in den Topf. Alles gut vermischen und mit Gyrosgewürz, Salz und Pfeffer abschmecken. Wenn man kein fertig gemischtes Gyrosgewürz zur Hand hat, nimmt man auf jeden Fall getrockneten Thymian und Oregano.

Außerhalb der Saison kann man sich mit Tomaten aus der Dose behelfen. Am besten passen stückige oder passierte Tomaten. Frische Tomaten werden kurz in kochendes Wasser gelegt (nicht länger als eine Minute), dann kann man die Haut abziehen.
Die geschälten Tomaten mit dem Messer kreuz und quer in kleine Stücke schneiden und ein paar Minuten in einem Topf weich kochen.

Zucchini-Puffer

Zucchini und die geschälten, rohen Kartoffeln auf einer Reibe grob raspeln. Die Zwiebel und den Knoblauch in sehr feine Würfel schneiden. Petersilie und Minze von den Stängeln zupfen und fein hacken. Zusammen mit allen anderen Zutaten in eine Schüssel geben und gut miteinander vermengen. Mit Salz und Pfeffer abschmecken.

Die Masse mit angefeuchteten Händen zu kleinen, flachen Küchlein formen und in einer Pfanne auf beiden Seiten goldgelb braten. Sofort frisch aus der Pfanne servieren.

Zutaten für vier Personen

200 g Zucchini
300 g Kartoffeln (mehlige oder halbfeste Sorte)
1 mittelgroße Zwiebel
2 Knoblauchzehen
2 leicht gehäufte EL Mehl
1 Ei
6 EL Olivenöl
10 Stängel glatte Petersilie
5 Stängel Minze
Salz, Pfeffer

Sláinte!
GUINNESS
DRAUGHT
T. GAY

Ádh mór!

The O'Mackays Café und Pub

Dass es im Irish Pub auch Irish Stew gibt, ist selbstverständlich Ehrensache. Der Herz und Magen wärmende Eintopf aus Fleisch, Wirsing, Karotten, Zwiebeln, Knollensellerie und Kartoffeln darf ohne Übertreibung zu den irischen Nationalgerichten gezählt werden. Vielleicht in anderen europäischen Ländern nicht ganz so bekannt, aber ebenfalls ein wunderbares Beispiel aus der **traditionellen Küche** der Insel: **Seafood Chowder,** die berühmteste Fischsuppe des Landes, die via Auswanderer sogar ihren festen Platz auf den amerikanischen Speisekarten gefunden hat. Wer einmal auf den Geschmack gekommen ist, wird diesen mit einem Schuss Sahne abgebundenen Topf mit Fisch, Muscheln, Krabben und vielem mehr durchaus als ernsthafte Konkurrenz zur französischen Bouillabaisse in Betracht ziehen. Und, nicht zu vergessen, der **Shepherd's Pie,** eine herzhaft gewürzte, überbackene Schichtung aus Kartoffelbrei, Hackfleisch, mehreren Gemüsen und gratiniertem **Cheddarkäse** als Krönung oben drauf.

Dass das alles am besten mit einem Schluck kühlen **Guinness vom Fass** schmeckt, versteht sich. Und wer gerade keinen Hunger hat und nur den Durst mit Guinness löschen möchte, wird sich am rustikalen Tresen des urigen Pubs im Obergeschoss perfekt aufgehoben fühlen.

Shepherd's Pie

Kartoffeln schälen, vierteln und in Salzwasser weich kochen. Kartoffeln abgießen, in eine Schüssel geben und ein paar Minuten ausdampfen lassen. Die Milch aufkochen. Mit einem Stampfer die Kartoffeln zu einem Brei zerstoßen und dabei die heiße Milch nach und nach dazugeben. Die Butter unterrühren. Der Kartoffelbrei sollte nicht zu flüssig, sondern eher cremig sein. Mit Salz und Muskat würzen.

Karotten und Zwiebeln schälen und in sehr kleine Würfel schneiden. Öl in einem Topf erhitzen und Karotten- und Zwiebelwürfel darin etwa 3 Minuten dünsten, bis die Zwiebelwürfel glasig sind. Das Hackfleisch dazugeben und bei etwas kräftiger Hitze anbraten. Immer wieder umrühren, damit es von allen Seiten angebraten wird. Die Erbsen dazugeben. Mit Rotwein ablöschen, Gemüsebrühe dazuschütten und 5 Minuten köcheln lassen. Salz, Pfeffer, die abgezupften Thymianblätter und das Tomatenmark dazugeben, Mehl hinein sieben und alles gut verrühren.

Die Fleischmischung in eine feuerfeste Form geben und glatt streichen. Den Kartoffelbrei gleichmäßig darauf verteilen und ebenfalls glatt streichen. Den Cheddarkäse reiben und darüberstreuen. Im Backofen bei 150 Grad, Ober- und Unterhitze, mittlerer Einschubleiste, etwa 25 Minuten backen, bis der Käse leicht gebräunt ist.

Zutaten für vier Personen

Kartoffelbrei
700 g mehlige Kartoffeln
125 ml Milch
20 g Butter
Salz, Muskat

Hackfleisch
600 g Rinderhackfleisch
1 große Zwiebel
2 große Karotten
150 g TK-Erbsen
100 ml trockener Rotwein
100 ml Gemüsebrühe
2 Thymianzweige
2 gehäufte EL Tomatenmark
1 gehäufter EL Mehl
Salz, Pfeffer

100 g Cheddarkäse

Seafood Chowder

Zutaten für vier Personen

200 g Fischfilet (z. B. Seelachs oder Kabeljau)

200 g Lachsfilet
200 g ausgelöstes Miesmuschelfleisch
100 g geschälte Krabben
100 g Speck
4 Kartoffeln
2 Zwiebeln
1 Karotte
4 Stangen Staudensellerie
½ Bund glatte Petersilie
1 EL getrockneter Thymian
1 Lorbeerblatt
40 g Butter
1,2 l Gemüsefond
¼ l trockener Weißwein
300 ml Sahne
110 g Mehl
2 EL Fischsoße
Muskat, Salz, Pfeffer

Chowder ist die berühmteste Irische Fischsuppe, die auch in der amerikanischen Küche ihren festen Platz gefunden hat. Ihr typisches Merkmal: Sie wird mit Sahne abgebunden. Clam Chowder, die nur mit Muscheln zubereitet wird, ist die bekannteste Variante. Die Seafood Chowder ist etwas aufwändiger, bei ihr kommen Fisch oder auch andere Meeresfrüchte zum Einsatz.

Zwiebeln, Kartoffeln, Karotten und Sellerie putzen und dann in feine Scheiben oder kleine Würfel schneiden. Die Petersilie waschen, die Blätter abzupfen und fein hacken. Den Fisch mit kaltem Wasser abbrausen und in nicht zu kleine, mundgerechte Würfel schneiden. Den Speck fein würfeln.

In einem großen Topf die Speckwürfel ohne Zugabe von Fett ringsum leicht anbraten. Dann die Butter dazugeben. Sobald diese geschmolzen ist, kommen Zwiebeln, Sellerie und Karotten dazu. Bei nicht zu starken Hitze anschwitzen, bis die Zwiebelstücke glasig sind.

Dann werden ⅔ der Gemüsebrühe angegossen und die Kartoffeln dazugegeben, ferner der Thymian und das Lorbeerblatt.

Alles 20 Minuten sanft köcheln lassen.

Das Mehl in eine Schüssel geben und den Rest der Brühe unter ständigem Rühren mit dem Schneebesen langsam dazugießen. Sollten sich Klümpchen bilden, Brühe durch ein feines Sieb lassen. Nun die Mehlbrühe unter leichtem Rühren in den Topf gießen. Etwas köcheln lassen, bis die Suppe leicht andickt.

Dann kommen Muschelfleisch, Fisch, Krabben und Petersilie in den Topf. Den Weißwein dazugießen und den Eintopf noch etwa 10 Minuten bei ganz kleiner Hitze ziehen lassen.

Zum Schluss Sahne und Fischsoße dazugeben und mit Salz, Pfeffer und Muskat abschließend würzen.

Tischsitten

Nicht in der Nase bohren!!

Irish Stew mit Wirsing

Zutaten für
vier Personen

800 g leicht durchwachsenes Rindfleisch

400 g Wirsing
200 g Karotten
200 g Zwiebeln
200 g Knollensellerie
200 g Kartoffeln
½ Bund glatte Petersilie

Öl zum Anbraten
1 l Gemüse- oder Fleischbrühe
Salz, Pfeffer

Das Rindfleisch in mundgerechte Würfel schneiden.

Wirsing putzen, waschen, den harten Strunk heraustrennen und die Blätter in grobe Stücke schneiden. Möhren, Sellerieknolle, Kartoffeln und Zwiebeln schälen. Möhren, Zwiebeln und Kartoffeln in Scheiben schneiden, Sellerie fein würfeln. Petersilie waschen, trocken schütteln, die Blätter abzupfen und grob hacken.

In einem Schmortopf Öl erhitzen und die Fleischwürfel darin bei starker Hitze kräftig ringsum anbraten. Dabei immer nur so viele Fleischwürfel in den Topf geben, dass der Topfboden knapp bedeckt ist. Sonst zieht das Fleisch Saft und trocknet aus. Das Fleisch also auf zwei, drei Portionen verteilt nacheinander anbraten. Salzen und pfeffern. Backofen auf 200 Grad, Ober- und Unterhitze, vorheizen.

Alle Zutaten in den Schmortopf schichten und mit etwa einem Liter Brühe (Gemüse- oder Fleischbrühe) aufgießen.
Einmal aufkochen und dann in den Backofen stellen und rund 90 Minuten schmoren.

M

Buon appetito!

Restaurant Medici

Neben der **»Pizzeria Venezia«**, die sich in erster Linie auf klassische Pizza- und Pasta-Gerichte spezialisiert hat, und dem Ristorante **»Antica Roma«**, in dem man sich im Gewölbekeller zwischen Säulen, prasselndem Kaminfeuer und Wandmalereien von heroischen Wagenrennen in der Tat wie im Alten Rom fühlt, hat im edel ausgestatteten **»Medici«** die **»Alta Cucina«**, die italienische Hochküche, ihren Auftritt. Aber ganz gleich, wofür man sich entscheidet: **Bella-Italia-Feeling** pur ist immer garantiert.

Die Küche im »Medici« verwöhnt mit einer Abfolge feinster Antipasti, weiter geht es mit von Trüffeln begleiteter hausgemachter Pasta. Bei den Fischgerichten fällt die Wahl zwischen Steinbutt und Wolfsbarsch nicht leicht. Fleischliebhaber müssen sich zwischen den feinen Kalbfleischschnitzeln »Saltimbocca alla Romana« und dem zart-rosa Lammrücken entscheiden. Dass im Gemüseland Italien auch vegetarische Gerichte nicht zu kurz kommen, versteht sich – hier präsentiert in einem eigenen vegetarischen Menü. Die Auswahl an italienischen Spitzenweinen ist exzellent und wird vom **Sommelier Vicenzo De Biase** gepflegt. **Und zum guten Schluss: ganz klar ein perfekter Espresso.**

Dauert das noch länger mit der Dorade?
I turisti! Sempre nervoso!
T. GAY

Doraden-Carpaccio

Für dieses Gericht wird der Fisch nur mariniert. Er muss also top frisch sein.

Die Dorade filetieren, entgräten und die Haut abziehen.

Fenchelsamen, Senfkörner und den klein gehackten Ingwer in einem Mörser zerstoßen. Mit Zucker und Salz vermischen. Die Doradenfilets damit gleichmäßig bestreuen und im Kühlschrank 4 Stunden ziehen lassen. Danach unter fließendem kaltem Wasser abwaschen und mit Küchenpapier trocknen.

Marinade Orangen auspressen und mit Olivenöl, Ponzu-Soße und dem Schalenabrieb von der Zitrone gut vermischen.

Mayonnaise 120 g Mayonnaise, Olivenöl, Basilikumblätter, Zitronensaft, Piment d'Espelette im Mixer pürieren.

Fenchel und Apfel in sehr dünne Scheiben schneiden, mit grobem Meersalz und Olivenöl würzen.

Anrichten Die Doradenfilets in dünne Scheiben schneiden und auf Tellern nebeneinander anrichten. Mit der Marinade begießen und mit Oliven, Fenchel- und Apfelscheiben belegen. Zum Schluss von der Mayonnaise darüber geben.

Zutaten für vier Personen

1,5 kg frische Dorade
30 g Fenchelsamen
20 g Senfkörner
20 g Ingwer
125 g Zucker
100 g feines Meersalz

Marinade
2 Orangen
6 EL Olivenöl
4 EL Ponzu-Soße (eine säuerlich-würzige Soße aus der japanischen Küche)
Schalenabrieb von 1 Bio-Zitrone

Mayonnaise
120 g Mayonnaise
4 EL Olivenöl
1 Bund Basilikum
Saft von 1 Zitrone
½ TL Piment d'Espelette (nicht allzu scharfe, leicht süßliche Chilisorte)

1 grüner Apfel
1 Fenchelknolle
1 EL Olivenöl
Meersalz

100 g Taggiasca-Oliven

GAYMANN
MEETS
LEONARDO
TÄGLICH
16⁰⁰
P. GAY

Fettuccine mit Kalbfleisch-Bolognese

Zutaten für vier Personen

Gemüsebrühe
300 g Karotten
300 g Knollensellerie
200 g Zwiebeln
200 g Fenchel
200 g Tomaten
1 Bund glatte Petersilie
1 Lorbeerblatt
½ TL schwarze Pfefferkörner
Salz

Bolognese
600 g Kalbsschulter
100 g Karotten
100 g Zwiebeln
100 g Knollensellerie
½ l trockener Weißwein
1 l Gemüsebrühe
200 g Butter
150 g geriebener Parmesan
10 Salbeiblätter
5 EL Olivenöl
Salz, Pfeffer

400 g Fettuccine

Gemüsebrühe Alle Gemüse säubern, klein schneiden und mit Salz, Pfeffer, Lorbeerblatt sowie der Petersilie in einem Topf mit 2 l Wasser aufkochen. Dann 1,5 Stunden bei ganz kleiner Hitze auf dem Herd ziehen lassen. Durch ein Sieb abgießen und die Gemüse dabei mit dem Rücken einer Schöpfkelle gut ausdrücken.

Bolognese Fleisch und das geputzte Gemüse in grobe Würfel schneiden und getrennt durch die mittlere Scheibe des Fleischwolfs drehen. Wer keinen Fleischwolf hat, besorgt sich beim Metzger grobes Hack von der Kalbsschulter und würfelt die Gemüse klitzeklein.

In einem Topf die Hälfte der Butter zusammen mit Olivenöl erhitzen und die Gemüse darin 10 Minuten dünsten. Dann die Hitze etwas hochdrehen, das Fleisch dazugeben, salzen und pfeffern und weitere 10 Minuten braten. Mit dem Wein ablöschen und zur Hälfte einkochen.

Die Brühe dazugießen, so viel, dass das Fleisch gut bedeckt ist. Salbeiblätter dazugeben. Den Topf mit Backpapier abdecken und im Backofen bei 120 Grad, Ober- und Unterhitze, 2 Stunden schmoren lassen.

Fettuccine in Salzwasser al dente kochen, abschütten, abtropfen lassen und dann direkt in die Soße geben und unterrühren. Dadurch verbinden sich die Fettuccine mit der Soße viel besser, als wenn man die Fetticcine auf den Teller gibt und die Soße darüber schöpft. Zum Abschluss Parmesan und die zweite Hälfte der Butter einrühren.

P. GAY

Gerösteter Oktopus mit knusprigem Brotsalat

Zutaten für vier Personen

1 kg frischer Oktopus
1 TL Salz

Brotsalat
500 g Ciabatta-Brot
2 Knoblauchzehen
120 g Taggiasca-Oliven
400 g Tomaten
200 g Staudensellerie
200 g Tropea-Zwiebeln (rote, längliche süße Zwiebeln)
120 g Zucchini
20 Basilikumblätter
1 Bio-Zitrone
½ TL Piment d'Espelette (nicht allzu scharfe, leicht süßliche Chilisoße)
5 EL Olivenöl
3 EL weißer Balsamicoessig
Salz, Pfeffer
250 g Burratakäse

Oktopus 30 Minuten in kaltes Wasser legen. In einem Topf Wasser zum Kochen bringen, leicht salzen und den gewässerten Oktopus hineingeben. Der Topf muss so groß sein, dass der Oktopus komplett mit Wasser bedeckt ist. Bei kleiner Hitze etwa eine Stunde ganz sanft köcheln lassen. Der Oktopus ist gar, wenn man mit einem Zahnstocher an einer dicken Stelle eines Armes leicht einstechen kann.

Brotsalat Ciabatta-Brot in fingerdicke Scheiben schneiden, mit Olivenöl beträufeln und auf einem Backblech im Backofen bei 200 Grad kross rösten. Die Knoblauchzehen halbieren und mit der Schnittfläche über das Brot raspeln. Brotscheiben in kleine Würfel schneiden. Tomaten enthäuten und in Würfel schneiden. Zucchini würfeln und in kochendem Salzwasser eine Minute blanchieren, herausnehmen und gut abtropfen lassen. Staudensellerie quer in kleine Stücke schneiden. Zwiebeln schälen und in sehr dünne Scheiben schneiden. Die Schale von einer Bio-Zitrone abreiben. Alles in einer Schüssel geben und mit Oliven, Basilikumblättern, Piment d'Espelette, Brotwürfeln sowie Olivenöl und Essig gut vermischen. Salzen und pfeffern.

Oktopus in mundgerechte Stücke schneiden und in einer Pfanne in Olivenöl kurz und kräftig anbraten. Mit dem Brotsalat und dem Burratakäse anrichten.

T. GAY

RISTORANTE
CESARE

Lammkoteletts mit Zitrone und Grillgemüse

Für die Zitronen-Würz-Mischung von der Salzzitrone nur die Schale verwenden und diese klitzeklein schneiden. Von einer frischen Bio-Zitrone die Schale abreiben und den Saft auspressen. Von den Thymian- und den Petersilienstängeln die Blätter abzupfen und sehr fein hacken. Mango in sehr kleine Würfel schneiden. Alles mit Salz, Olivenöl und Zitronensaft verrühren.

Paprika mit dem Gemüseschäler schälen und in grobe Stücke schneiden. Spargel schälen und die Stangen quer in drei Stücke schneiden. Fingermöhren schälen und in Salzwasser al dente kochen. Die Gemüse in einer Grillpfanne bei starker Hitze grillen, danach salzen und mit Balsamicoessig abschmecken.

Lammkoteletts in der Pfanne zusammen mit den ganzen Knoblauchzehen rosa braten, salzen und pfeffern. Dann mit der Würz-Mischung bestreichen und zusammen mit dem Grillgemüse anrichten.

Zutaten für vier Personen

12 Lammkoteletts
4 Knoblauchzehen

Zitronen-Würz-Mischung
1 Salzzitrone
1 Bio-Zitrone
½ Bund glatte Petersilie
¼ Thymianbund
½ Mango
3 EL Olivenöl
Salz

Gemüse
12 Fingermöhren
12 grüne Spargel
2 rote Paprikaschoten
2 EL weißer Balsamicoessig
Salz, Pfeffer

Meine Frau kocht auch sehr gut italienisch.
Mozzarella-Tomate!!
T. GAY

Hier wurden Sklaven von Tigern gefressen
Ich könnt jetzt auch was ver-tragen.
P. GAY

P. GAY

Worin unterscheiden sich eigentlich die schwarzen von den weißen Trüffeln?
Die Weißen sind schon gewaschen.
BAR CAFE
OFFERTA
FUNGHI META PREZZO
P. GAY

Rindercarpaccio mit Sommertrüffel und Rucola

Zutaten für vier Personen

400 g Oberschale vom Rind

Beize
10 schwarze Pfefferkörner
5 Senfkörner
5 g Koriandersamen
½ Zimtstange
½ Chilischote
1 Gewürznelke
20 g Ingwer
1 Sternanis
50 g Zucker
50 g Salz
1,5 l Wasser

4 EL Olivenöl
Saft von ½ Zitrone
grobes Meersalz, Pfeffer
20 g Sommertrüffel
1 Bund Rucola

Alle Gewürze mit Salz und Zucker im Wasser aufkochen, abkühlen lassen. Das Rindfleisch hineinlegen und 24 Stunden im Kühlschrank beizen lassen.

Das Fleisch herausnehmen, gut abtrocknen und in dünne Scheiben schneiden. Die Scheiben nebeneinander auf ein Brett legen, mit Klarsichtfolie abdecken und mit einem Fleischklopfer leicht plattieren. Die Scheiben auf einem Teller nebeneinander schön anrichten.

Olivenöl und Zitronensaft zu einer Vinaigrette verrühren. Die Fleischscheiben damit beträufeln. Mit grobem Meersalz und Pfeffer würzen. Den Trüffel fein darüber hobeln und zum Schluss mit klein geschnittenen Rucolablättern garnieren.

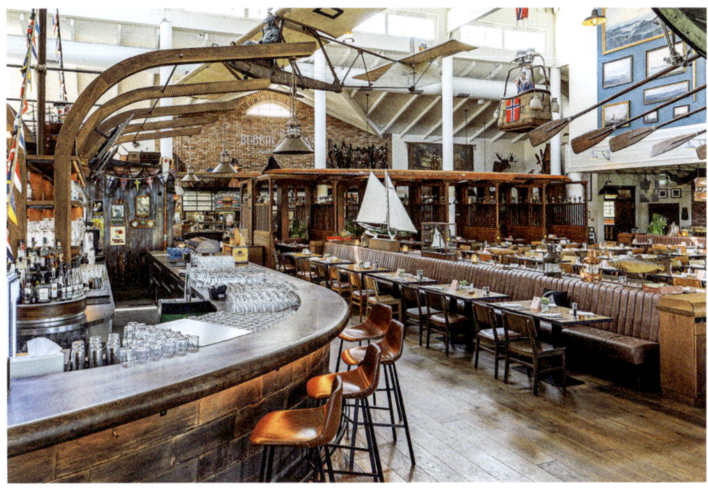

God appetitt i nord!

Tre Krønen

Skandinavisch gehoben – viel besser als bei den Wikingern: Die glücklichsten Europäer leben laut Statistik in den nordischen Ländern. Dass neben der großartigen Natur auch das gesunde, an den Jahreszeiten orientierte und bei aller Raffinesse immer auch bodenständige Essen der **»Nordic Cuisine«** seinen Anteil daran hat, darf getrost vermutet werden.

Auch Stil und Einrichtung des Restaurants mit seinen fein eingedeckten Tischen spiegeln nordische Klarheit und die dort weit verbreitete schlichte Eleganz wider. Ein besonderes Erlebnis für einen ganz persönlichen Anlass bietet ein Dinner am **»Chefs Table«**. Dort haben bis zu 20 Gäste Platz. Sie haben einen freien Blick in die Küche und auf die Arbeit des kreativen Teams rund um Küchenchef Julian Scheibel.

Fisch, Wild und Beeren sind feste Bestandteile der nordischen Küche. Gebratenes Zanderfilet mit Nussbutter-Spitzkohl, getrüffelte Lauchsuppe mit Räucheraal und Rote Beerengrütze mit Vanillesoße sind besonders schöne Beispiele hierfür. Und dass beim Wild statt Reh und Wildschwein, wie bei uns üblich, hier mal ein **Rentierrücken** auf den Teller kommt, begleitet von Hagebuttensauce und Quarkknöpfle, ist eine wunderbare Abwechslung für alle, die zartes, saftiges und aromatisches Wild schätzen.

Sellerie-Smörrebröd

Zutaten für vier Personen

4 Scheiben Schwarzbrot
20 g Salzbutter
240 g Knollensellerie
40 g Friséesalat
4 Shiitakepilze
2 EL Balsamicoessig
40 g Steinchampignons
etwas Zitronensaft
Olivenöl
Salz, Pfeffer

Sellerie am Stück in Alufolie wickeln und im Backofen bei 180 Grad Umluft 90 Minuten garen.

Friséesalat waschen und trocken schleudern.

Shiitakepilze in dünne Scheiben schneiden und in einer Pfanne in Butter anbraten. Sobald die Pilze etwas Farbe angenommen haben, mit Balsamicoessig ablöschen und kalt stellen.

Die Hüte der Champignons in feine Scheiben schneiden.

Sellerie aus dem Ofen nehmen, etwas abkühlen lassen, Schale wegschneiden und in etwa ein Zentimeter dicke Scheiben schneiden.

Schwarzbrotscheiben mit Butter bestreichen und mit Selleriescheiben belegen. Darauf die Shiitakepilze verteilen, mit Salz und Pfeffer würzen.

Mit den rohen Champignonscheiben und etwas Friséesalat belegen.

Mit Olivenöl und Zitronensaft beträufeln.

Gibt es irgendwas, wo du keinen Wein reintun würdest?
Müsli.
SENF
P. GAY

Trüffel! Erika!
TRÜFFEL!!
P. GAY

Getrüffelte Lauchsuppe mit Räucheraal

Zutaten für vier Personen

- 500 g Lauch
- 250 ml Sahne
- 150 ml Gemüsebrühe
- 50 ml weißer Portwein
- 25 g Butter
- 10 g Mondamin
- 10 g schwarze Trüffel
- 1 TL Trüffelöl
- Salz, Pfeffer
- 50 g geräucherter Aal

Lauch in feine Streifen schneiden und waschen. In einem Topf den Lauch in Butter andünsten, ohne dass er Farbe annimmt, also keine braunen Stellen bekommt. Mit Portwein ablöschen und ein paar Minuten köcheln lassen, so dass er etwas einkocht.

Dann Gemüsebrühe und Sahne dazugießen und 2-3 Minuten köcheln lassen. Mit dem Mixer pürieren und durch ein Sieb gießen. Die Suppe nochmals kurz aufkochen, salzen, pfeffern und das Trüffelöl dazugeben. Mondamin mit kaltem Wasser anrühren, in die Suppe geben, ein paar Minuten köcheln, so dass sie leicht abbindet.

Den Aal enthäuten, filetieren, entgräten und in mundgerechte Stücke schneiden.

Die Suppe in tiefe Teller geben und zum Schluss frische Trüffel darüber hobeln.

Gebratenes Zanderfilet mit Nussbutter-Spitzkohl

Zutaten für vier Personen

Nussbutter-Spitzkohl
1 kleiner Spitzkohl
1 Schalotte
150 g Butter
150 ml trockener Riesling
1 Lorbeerblatt
Salz, Pfeffer

Beurre blanc
2 Schalotten
1 Lorbeerbaltt
50 ml trockener Weißwein
100 g Crème fraîche
200 g kalte Butter
Salz, Pfeffer

Zander
4 Zanderfilets mit Haut, jedes ca. 150 g
Saft von einer halben Zitrone
Salz
2 EL Mehl
150 g Butter

Nussbutter-Spitzkohl Spitzkohl vierteln, Strunk herausschneiden und dann in schmale Streifen schneiden. Schalotten häuten und in feine Ringe schneiden. Butter in einem Topf so lange erhitzen, bis sie eine nussbraune Farbe angenommen hat. Schalotten und Spitzkohl dazugeben und ein paar Minuten bei milder Hitze dünsten.
Mit Riesling ablöschen, Lorbeerblatt dazugeben. Bei geschlossenem Deckel eine halbe Stunde schmoren lassen, mit Salz und Pfeffer abschmecken.

Beurre blanc Butter in kleine Stücke schneiden und im Kühlschrank kalt stellen. Schalotten sehr fein hacken. Weißwein und Lorbeerblatt in einen Topf geben, die Schalotten dazugeben und so lange köcheln, bis der Wein fast verdunstet ist. Lorbeerblatt herausnehmen. Die Crème fraîche hineinrühren. Dann die kalten Butterstücke nacheinander mit dem Schneebesen einrühren, bis eine Soße mit sämiger Konsistenz entsteht. Mit Salz und Pfeffer abschmecken.

Zanderfilet Die Filets kalt abbrausen, trocken tupfen, mit etwas Zitronensaft beträufeln, salzen und in Mehl wenden. In der Pfanne in Butter auf der Hautseite braten, bis diese kross ist. Wenden und auf der anderen Seite noch ganz kurz fertig braten.

P. GAY

Rentierrücken mit Hagebuttensoße und Quarkknöpfle

Den Rentierrücken kalt abwaschen, trocken tupfen und Sehne und Silberhaut wegschneiden. Rundum mir Salz und Pfeffer einreiben. Die Zwiebel fein würfeln.

In einer Pfanne mit Metallgriff Butterschmalz erhitzen und den Rücken darin von allen Seiten gut anbraten. Die Zwiebeln dazugeben, gleichmäßig verteilen dann die Pfanne in den auf 160 Grad vorgeheizten Backofen stellen und dort den Rücken 15 Minuten weiter garen. Das Fleisch aus der Pfanne nehmen, das Hagebuttenmus in die Pfanne geben, mit Apfelsaft und Balsamicoessig ablöschen, verrühren und dann den Wildfond dazugeben. Etwas einkochen lassen, mit Salz und Cayennepfeffer abschmecken und zum Schluss die Sahne in die Soße rühren.

Quarkknöpfle Mehl, Eier und Quark in einer Schüssel zu einem etwas zähen Teig verrühren. Mit einem Spätzle-Hobel den Teig in kochendes Salzwasser schaben. Sobald die Spätzle an der Oberfläche schwimmen mit einer Siebkelle herausnehmen und in einer Pfanne, in der Butter erhitzt wurde, anbraten. Mit Salz, Pfeffer und Muskat abschmecken.

Wenn man keinen Rentierrücken bekommt, kann man das Rezept auch mit Rehrücken zubereiten.

Zutaten für vier bis fünf Personen

1 kg Rentierrücken ohne Knochen
1 Zwiebel
100 g Butterschmalz
100 g Hagebuttenmus
100 ml Apfelsaft
2 EL Balsamicoessig
300 ml Wildfond
200 ml Sahne
Salz, Pfeffer, Cayennepfeffer

Quark-Knöpfle
500 g Quark
500 g Mehl
8 Eier
100 g Butter
Salz, Pfeffer, Muskat

Einmal Anfänger bitte!
KASSE
PREISE

Was würden
sie uns denn
empfehlen?
Erst Achterbahn
fahren .... dann
essen.
P. GAY

Rote Beerengrütze mit Vanillesoße

In einem großen Topf den Zucker leicht karamellisieren lassen. Hierzu den Zucker in den Topf geben, langsam erhitzen, bis der Zucker geschmolzen ist. Dann weiter so lange erhitzen, bis der geschmolzene Zucker eine hellbraune Farbe angenommen hat.

Nun sofort mit dem Traubensaft ablöschen. Dabei kann es vorkommen, dass der geschmolzene Zucker hart wird. Dann einfach bei milder Hitze so lange weiter köcheln, bis sich der karamellisierte Zucker im Saft aufgelöst hat.

Erdbeeren und Himbeeren dazugeben und 5 Minuten einkochen lassen. Alles in ein feines Sieb schütten und mit dem Rücken einer Schöpfkelle durch das Sieb streichen. Diese Masse wieder in den Topf zurückgeben, erhitzen und leicht mit Mondamin abbinden. Die restlichen Beeren zugeben und mit Himbeergeist abschmecken.

Vanillesoße Die Sahne leicht schlagen, so dass sie noch halb flüssig ist. Die Vanilleschote der Länge nach halbieren, mit dem Messerrücken das Mark herausschaben und zusammen mit dem Zucker in die Sahne geben. Kurz weiter schlagen.

Grütze in Schälchen geben und die Vanillesahnesoße darüber geben.

Zutaten für vier Personen

Für den Fond
500 g Himbeeren und Erdbeeren
100 g Zucker
½ l roter Traubensaft
1 gestrichener EL Mondamin

Einlage
800 g gemischte Beeren (Himbeeren, Erdbeeren, Heidelbeeren, Johannisbeeren)
ein Schuss Himbeergeist

Vanillesoße
300 g Sahne
1 Vanilleschote
1 EL Zucker

Da scheint sich ja einiges verändert zu haben.

Enjoy your meal!

Bell Rock

Die sechs Neuenglandstaaten – Massachusetts, Connecticut, Rhode Island, Maine, New Hampshire und Vermont – sind durch ihr kulturelles und kulinarisches Erbe eng miteinander verbunden. Die ersten Siedler aus England haben hier die Grundlagen der Neuenglandküche gelegt, spätere Einwanderer, vor allem Portugiesen, Italiener und Polen, haben sie ergänzt und bereichert.

Nicht nur die Ausstattung mit Holzpaneelen sorgt im **»Captain's Finest«** für ein **Feeling wie auf einem exquisiten Ozeandampfer** bei der Überquerung des Atlantiks. Die Küche vor allem trägt ganz entscheidend zu dieser noblen Wohlfühlatmosphäre bei. Beef Tataki, geschmorte Short Ribs, Pastrami Lachs und Schokoladen-Brownies sind wesentliche und unverzichtbare Komponenten dieser ebenso herzhaften wie **großzügigen und feinen Schlemmerküche.**

Und weil hier schon immer das Meer und das Land ihren gleichberechtigten Beitrag zur Küche geleistet haben (vier der sechs Staaten liegen direkt an der Küste), gilt die Neuenglandküche auch als Wiege der in den Vereinigten Staaten so beliebten **Surf and Turf-Kombination:** Rinderfilet und Hummer auf einem Teller, dazu Spargel und Kartoffelpüree – und das kulinarische Glück der Neuenglandküche ist perfekt.

Pastrami Lachs

Zutaten für vier Personen

1 Seite Lachs ohne Haut
70 g Salz
35 g Zucker
½ Bund Koriander
½ Bund Petersilie
250 Schalotten

125 ml Rübensaft (Molasse)
2 gehäufte TL Paprikapulver
2 gehäufte TL gemahlene Koriandersamen
2 gehäufte TL geschroteter schwarze Pfeffer

Die Lachsseite mit kaltem Wasser abwaschen, trocken tupfen und auf eine Platte legen. Salz und Zucker vermischen und den Lachs damit auf der Oberseite gleichmäßig bestreuen. Petersilie- und Korinaderblätter von den Stängeln zupfen und grob hacken. Schalotten schälen und in feine Scheiben schneiden. Alles gleichmäßig auf dem Lachs verteilen. Abdecken und im Kühlschrank 2 Tage marinieren lassen. Nach einem Tag den Lachs umdrehen.

Nach den 2 Tagen den Lachs herausnehmen, gut mit kaltem Wasser abwaschen, trocken tupfen und nicht abgedeckt für einen halben Tag auf einer Platte in den Kühlschrank legen, so dass er trocknet.

Rübensaft mit Paprikapulver, gemahlenen Koriandersamen und geschrotetem schwarzen Pfeffer vermischen und gleichmäßig auf der Lachsseite verteilen. Den Lachs in dünne Scheiben aufschneiden. Mit dunklem Brot oder mit Bratkartoffeln servieren.

Bevor wir den Fisch jetzt fachgerecht ausnehmen… Was machen wir?
Wir fotografieren ihn!
Rezept
Man nehme
T. GAY

Klaus!
Kommst du
mal!!
T. GAY

Geschmorte Short Ribs

Die Short Ribs (Querrippe vom Rind) mit Salz und der 5-Spice-Mischung ringsum einreiben, in einer Pfanne von allen Seiten scharf anbraten und dann in einen tiefen Schmortopf legen.

Alle Gemüse in einer Pfanne in Butter anbraten, so dass sie Farbe annehmen. Den Honig dazugeben, kurz weiter braten, dann mit dem Rotweinessig ablöschen und so stark reduzieren, bis die Flüssigkeit fast vollständig eingekocht ist. Sojasoße dazugeben und wiederum stark einkochen. Rotwein dazugeben und um die Hälfte einkochen. Kalbs- und Geflügelfond dazugeben, noch einmal aufkochen und alles über das Fleisch gießen und verteilen.

Den Schmortopf mit dem Deckel verschließen und bei 160 Grad im Backofen etwa 1 Stunde schmoren, bis das Fleisch weich ist.

Schmortopf aus dem Backofen nehmen, die Kräuter hacken, in die Soße rühren und 30 Minuten ziehen lassen. Dann das Fleisch aus der Soße nehmen. Die Soße durch ein Sieb abgießen und ein bisschen einkochen, aber nicht zu stark, damit sie nicht zu salzig wird. Fleisch in Portionen schneiden und mit der Soße überziehen.

Zutaten für vier bis fünf Personen

1 kg Short Ribs (Querrippe vom Rind)
Salz
2 EL 5-Spice-Gewürzmischung
Öl zum Braten

90 g Zwiebelwürfel
35 g Karottenwürfel
35 g Staudenselleriewürfel

10 g gehacktes Zitronengras
10 g gehackter Ingwer
1 halbierte Knoblauchzehe
½ Bund klein geschnittene Frühlingszwiebeln
½ längs halbierte Chilischote
Schale von einer Zitrone, fein gehackt

15 g Honig
0,3 l Rotweinessig
10 cl Sojasoße
0,5 l trockener Rotwein
0,3 l Geflügelfond
0,3 l Kalbsfond

4 Rosmarinzweige
5 Minzeblätter
5 Korianderblätter

Langsam nervt's!!!
P. GAY

Hunger?
P.GAY

Schokoladen-Brownie

Zutaten für vier bis fünf Personen

- 108 g Zucker
- 2 Eier
- 1 Eiweiß
- 155 g Butter
- 30 g Zartbitter-Kuvertüre
- 30 g Mehl
- 14 g Kakaopulver

Zucker, Eier und Eiweiß in einer Schüssel mit dem Schneebeseneinsatz des Handrührgerätes gut schaumig rühren, bis die Masse eine helle Farbe bekommt.

Butter zusammen mit der Kuvertüre schmelzen und mit dem Handrührgerät in die Zucker-Eier-Masse hineinrühren. Dann Mehl und Kakaopulver hineinrühren.

Eine rechteckige Backform mit Backpapier auskleiden und diese Masse hineingießen und glatt streichen.

Im auf 200 Grad vorgeheizten Backofen, Ober- und Unterhitze, 35 Minuten backen. Wenn die Masse nicht ganz durchgebacken, sondern innen noch schön weich ist, ist der Brownie perfekt. Gegebenenfalls in der Mikrowelle kurz aufwärmen, da er lauwarm am besten schmeckt.

Beef Tataki

Ingwer und Schalotten schälen und fein hacken, Limetten auspressen und die Schale abreiben, Zitronengras in 5 Zentimeter lange Stücke schneiden und diese klopfen, so dass sie aufspringen. Zusammen mit allen anderen Zutaten in einer Schüssel zu einer Marinade vermischen.

Das Fleisch in einer Pfanne ringsum kurz und scharf anbraten. Dann zusammen mit der Marinade in einem Beutel vakuumieren und im Wasserbad bei 52 Grad 40 Minuten lang garen.

Fleisch herausnehmen und in dünne Scheiben aufschneiden.

Dazu passen Schwarzbrot oder Baguette mit Salzbutter.

Zutaten für vier Personen

600 g Roastbeef

Marinade
60 g Ingwer
2 Schalotten
2 Limetten
120 g Zitronengras
25 cl Sojasoße
35 cl Mirin (japanischer Reiswein)
6 cl Fischsoße
32 g Sambal Olek
4 cl Sesamöl

– Der schön gedeckte Tisch –

Eet smakelijk!

Bamboe Baai

Indonesien war die wichtigste niederländische Kolonie. Neben allem Schrecken, den der Kolonialismus verbreitet hat – **das kulinarische Erbe** ist heutzutage mit dazu geeignet, auch einen Beitrag zur Verständigung zwischen den Völkern zu leisten. Mit ein Grund, im holländischen Themenbereich indonesische Küche anzubieten.

Im Restaurant »Bamboe Baai« entführen warmes Holz und tropisches Grün in exotische Gefilde. Das bunte Treiben der **»Piraten in Batavia«** hat man direkt vor Augen. Und die Speisekarte lässt auch keine Wünsche offen. **»Mix your Own Bowl«** heißt zum Beispiel die Devise, wo man ganz nach Lust und Laune eine bunte Auswahl zur Verfügung hat: Basmatireis, Mie-Nudeln, Hähnchenbrust, Rindfleisch, Tofu-Streifen, gelbe (mild) oder rote (scharf) Currysoße nebst rosa Ingwner, Wakame-Algen, Wasabinüssen, schwarzem und weißem Sesam, Frühlingslauch und Koriander – und das alles zu einer ganz individuell komponierten Bowl zusammenstellen kann.

Die Soup Bowl vereint eine kräftige Brühe zusammen mit Sojasprossen, Brokkoli, Shiitakepilzen, Pak Choi, Wachtelei und asiatischen Nudeln zu einem den Magen wärmenden **kulinarischen Kunstwerk.** Genau so wie die Ramen-Suppe, die japanische Wurzeln hat. Kokosnuss-Tapioka-Creme mit gebackener Banane bildet den süß-exotischen Abschluss. **Oder Poffertjes, die niederländische Gebäckspezialität.**

Ramen-Suppe

Zutaten für vier Personen

500 g frischer Schweinebauch
1 Zwiebel
3 Knoblauchzehen
50 g Ingwerwurzel
150 g Hähnchenflügel
1 Bund Suppengrün
20 g getrocknete Shiitakepilze
1 Blatt getrocknete Kombu-Alge
2 EL Bonitoflocken
7 EL Sojasoße
40 ml Reisessig
4 EL Mirin (japanischer Reiswein)
200 g Ramennudeln

Die Ramen-Suppe, ein Grundpfeiler der japanischen Küche, hat auch in Europa, und hier wiederum sehr stark in den Niederlanden, die Speisekarten erobert.

Den Schweinebauch auf der Hautseite mehrmals längs etwa einen halben Zentimeter tief einschneiden. Man braucht dazu ein super scharfes Messer. Der Schweinebauch muss frisch sein, allenfalls gepökelt, aber nicht geräuchert.

Die Zwiebel schälen und halbieren. Knoblauch schälen und in Stücke schneiden. Ingwer in dünne Scheiben schneiden.

Alles zusammen mit dem Schweinebauch in einen Topf geben. Ferner kommen hinein: Hähnchenflügel, Suppengrün und Shiitakepilze. Mit 3 Liter Wasser auffüllen. Einmal aufkochen und dann für 2,5 Stunden knapp unter dem Siedepunkt (es sollte nur ganz, ganz leicht blub-blub machen) ziehen lassen. Zwischendurch ein paar Mal mit der Schaumkelle den dunkeln Schaum, der sich oben absetzt, abschöpfen.

Die Alge feucht abwischen, zerbröseln und in der Brühe einmal aufkochen. Dann die Hitze zurückschalten, so dass die Brühe zwar heiß gehalten wird, aber nicht mehr kocht. Die Bonitoflocken dazugeben und 30 Minuten ziehen lassen. Den Bund Suppengrün aus der Brühe nehmen. Mit Sojasoße, Reisessig und Mirin, einem Reiswein, abschmecken.

Die Ramennudeln kochen, den Schweinebauch in fingerdicke Stücke schneiden. Nudeln und Schweinebauchstücke in vorgewärmte Suppenteller legen und Brühe darüber schöpfen.

Poffertjes

Poffertjes sind eine niederländische Gebäckspezialität. Sie ähneln kleinen, dicken Pfannkuchen. Zum Backen benötig man eine spezielle Pfanne mit vielen kleinen Mulden.

Milch leicht erwärmen. Mehl, Hefe, Eigelbe, Zucker und Salz zusammen mit der Milch in eine Schüssel geben und zu einem glatten Teig verrühren. Die Schüssel mit einem Küchentuch abdecken und den Teig bei Zimmertemperatur 30 Minuten gehen lassen.

Eiweiß steif schlagen und unter den Teig heben.

Die Poffertjes-Pfanne mit Butter einfetten und erhitzen. Den Teig mit einer kleinen Schöpfkelle in die Mulden füllen. Die Pfanne bei mittlerer Hitze auf dem Herd lassen. Nach etwa einer Minute die Poffertjes wenden und auf der anderen Seite ebenfalls etwa eine Minute backen. Die Poffertjes sollten auf beiden Seiten goldbraun gebacken sein.

Die Poffertjes auf eine Platte legen, auf jedes ein kleines Butterflöckchen platzieren und mit Puderzucker bestäuben.

Man kann sie solo zum Kaffee essen oder zusammen mit Kompott, Vanillesoße oder Eis einen kompletten Nachtisch daraus machen.

Zutaten für vier Personen

300 ml Milch
250 g Mehl
1 Päckchen Trockenhefe
4 Eigelb
2 EL Zucker
1 Prise Salz
4 Eiweiß

100 g Butter zum Einfetten der Pfanne

und zum Servieren Puderzucker

Vegane Poke Bowl

Zutaten für vier Personen

120 g vegane Mayonnaise
2 TL Wasabi
400 g Tofu
200 g Mango-Tamarinden-Dressing
150 g Avocado
150 g Salatgurke
150 g Mango
40 g Peperoni
200 g gegarter Reis
80 g eingelegter Ingwer
100 g Sojabohnen
1 EL gepufferter Quinoa
Salz, Pfeffer

Die Poke Bowl stammt ursprünglich aus Hawaii und wird dort mit viel frischem, rohem Fisch serviert. Dieses Rezept ist vegan. Wer mag, gibt einfach noch ein paar dünne Scheiben Lachs oder Thunfisch dazu.

Mayonnaise und Wasabi verrühren und in einen Spritzbeutel füllen.

Tofu in zwei Zentimeter große Würfel schneiden, salzen, pfeffern und mit dem Mango-Tamarinden-Dressing ein paar Minuten marinieren.

Avocado, Gurke und Mango schälen und in kleine Würfel schneiden.

Peperoni in sehr feine Ringe oder Streifen schneiden.

Den Reis kochen, abkühlen lassen und mit Tofu, Avocado, Gurke, Mango, Sojabohnen, Peperoni und Ingwer in eine tiefe Schüssel (Bowl) füllen.

Die Mayonnaise-Wasabi-Mischung darüber geben.

Zum Schluss Quinoa darüber streuen.

T. GAY

P. GAY

An Guadn!

Restaurant Seehaus

Das »Restaurant Seehaus« macht seinem Namen alle Ehre, sitzt man doch bei schönem Wetter im Freien mit den Füßen – fast – im Wasser des parkeigenen Sees. Innen strahlen die mit Zirbenholz vertäfelten Decken und Wände, der blitzblanke Holzfußboden, das rustikale Mobiliar sowie der Kachelofen eine rundum alpenländische Gemütlichkeit aus. Und noch eine Spur uriger und gelassener geht es zu im Liesl-Mack-Stüble, dem die Mutter von Roland Mack den Namen gegeben hat. Hier lässt sich nachfühlen, was der österreichische Komponist Gustav Mahler einmal zum besten gegeben hat: **»Wenn die Welt einmal untergehen sollte, ziehe ich nach Wien, denn dort passiert alles fünfzig Jahre später.«**

Ganz der österreichischen Tradition verpflichtet ist auch das gastronomische Angebot. Klar, dass hier saftiger Tafelspitz mit Meerrettich und knusprig heraus gebratenes Wiener Schnitzel zur unverrückbaren kulinarischen Grundausstattung gehören. Ebenso wie das Hirschgulasch oder, bei den Süßspeisen, der bei Jung und Alt beliebte Kaiserschmarrn. Nur in der Saison gibt es die herrlich sämige Kürbissuppe, der ein paar Tropfen vom **Steirisches Kürbiskernöl** den entscheidenden geschmacklichen Pfiff verleihen.

Feldsalat mit Birnen-Walnuss-Dressing

Zutaten für vier Personen

400 g Feldsalat
1 kleine weiße Zwiebel
½ Williamsbirne aus der Dose
3 EL Birnensaft
30 ml trockener Weißwein
30 ml Wasser
1 kleines Lorbeerblatt
2 Wacholderbeeren
⅛ Zimtstange
1 gehäufter TL Feigensenf
2 EL Walnussöl
1 EL weißer Balsamicoessig
Salz, Pfeffer

Den Feldsalat gut waschen, putzen und trocken schleudern.

Die Zwiebeln fein würfeln und in einem Topf in etwas Butter glasig anschwitzen. Williamsbirne zusammen mit dem Saft, Weißwein, Wasser und den Gewürzen dazugeben und einmal aufkochen. Den Topf vom Herd nehmen und 10 Minuten ziehen lassen. Dann die Gewürze aus dem Topf nehmen und alles fein pürieren. Senf, Öl und Essig mit dem Schneebesen in den Sud einrühren und mit Salz und Pfeffer abschmecken.

Den Feldsalat in einer Schüssel mit dem Dressing vermischen.

Kürbissuppe

Zwiebeln, Karotten, Sellerie und den Apfel putzen und in kleine Würfel schneiden. Den Kürbis – den Hokkaidokürbis muss man nicht schälen – in grobe Stücke schneiden. In einem Topf die Butter erhitzen, ohne dass sie braun wird. Dann alle Gemüse und die Apfelstücke dazugeben und ein paar Minuten unter gelegentlichem Umrühren bei eher milder Hitze anschwitzen, bis die Zwiebelstückchen glasig, allenfalls goldgelb sind. Nun den Weißwein und die Gemüsebrühe sowie alle Gewürze in den Topf geben und bei geringer Hitze köcheln, bis der Kürbis weich ist. Orangensaft und Sahne dazugeben und fein pürieren. Mit Salz und Pfeffer abschmecken und durch ein Sieb gießen.

Zutaten für vier Personen

400 g Hokkaidokürbis
70 g Karotten
70 g weiße Zwiebeln
70 g Knollensellerie
1 großer Apfel
30 g Butter
50 ml trockener Weißwein
150 ml Gemüsebrühe
150 ml Orangensaft
100 ml Sahne
½ TL Ingwerpulver
½ TL Zimt
1 Prise Muskat
1 Prise Zucker
Salz, Pfeffer

Hirschgulasch

Zutaten für vier Personen

800 g Hirschgulasch
500 g Zwiebeln
½ l trockener, kräftiger Rotwein
200 g Tomatenmark
400 ml Wildfond
insgesamt 1 gehäufter EL Wacholderbeeren, Piment und Pfefferkörner
2 Lorbeerblätter
Öl zum Braten

Die Fleischwürfel in einem Topf bei kräftiger Hitze rundherum gut anbraten. Zwiebeln fein schneiden, die Hitze etwas zurückdrehen und die Zwiebeln dazugeben. Sobald sie glasig sind, das Tomatenmark in den Topf drücken und kurz mit anbraten. Nun mit 100 ml Rotwein ablöschen, den Wein fast vollständig einkochen lassen. Dann weitere 100 ml dazugießen, wieder einkochen lassen und so fort, bis der Rotwein aufgebraucht ist. Dann mit dem Wildfond auffüllen.

Die Gewürze in einer Pfanne in etwas Öl anrösten und in eine Gewürzsäckchen geben. Das Gewürzsäckchen hat den Vorteil, dass man alle Gewürze zum Schluss herausnehmen kann, sonst schwimmen sie in der Soße herum. Wenn man kein Gewürzsäckchen hat, leistet auch ein Tee-Ei gute Dienste. Das Gewürzsäckchen in den Topf geben und alles auf kleiner Flamme garen lassen.

Nach einer Dreiviertelstunde ein Stück Fleisch probieren, ob es gar, also zart und mürbe ist. Das Gewürzsäckchen entfernen, die Soße mit Salz und Pfeffer abschmecken und gegebenenfalls mit etwas Stärke abbinden.

Mit Nudeln und Preiselbeeren servieren.

Schmeckt's?
P. GAY

P. GAY

Bom apetite!

Sala Santa Isabel

Im Restaurant »Sala Santa Isabel« genießt man **portugiesische Spezialitäten** in einer ebenso stimmigen wie **stimmungsvollen Mischung aus mediterranem und klösterlichem Ambiente.**

Zu den kulinarischen Highlights gehört ohne Zweifel **das exklusive Abendbuffet.** Es lockt mit einer Fülle an köstlichen warmen und kalten Tapas, die mit jedem Restaurant **zwischen Porto und der Algarve** locker mithalten können: Bacalhau mit Tomatenkompott, mit Thunfisch gefüllte Peperoni, Piri-Piri-Hähnchenkeule – um nur ein paar ganz besonders verführerische Beispiele zu nennen. Aber damit nicht genug: vom **Lavasteingrill** kommt das auf den Punkt gebratene Iberico Presa, das saftige und zarte Schulterstück vom Iberico-Schwein. Oder Sardinen mit Zitrone. Das alles wird raffiniert verfeinert mit Kräutern aus dem eigenen Klostergarten.

Dazu kredenzen stilecht gekleidete Mönche ein frisches hauseigenes Klosterbräu. Und auch die Weinkarte mit ihrer großen portugiesischen und internationalen Auswahl wird keine Wünsche offen lassen. Als Aperitif oder Dessertwein fehlen weder Sherry noch Portwein.

Wer auf süße Sachen steht: Die portugiesischen **Pastéis de Nata** sind das leckerste süße Fingerfood, das man sich vorstellen kann: Die kleinen Blätterteigtörtchen mit Cremefüllung passen zwischen Daumen und Zeigefinger — und gehen so zwischendurch eigentlich immer.

BAR
Ich nehme die Pastéis de Nata und zwar als Vor-, Haupt- und Nachspeise.
BAR PORTO
Galão
T. GAY

Pastéis de Nata

Pastéis de Nata sind kleine Blätterteigtörtchen mit einer Cremefüllung, die es in Portugal in jeder Konditorei zu kaufen gibt. Sie passen ideal zu einem Espresso.

Zutaten für 16 Muffin-Formen

1 Päckchen tiefgekühlter Butter-Blätterteig (ca. 300 g)
150 ml Wasser
180 g Zucker
1 Zimtstange
2 TL abgeriebene Zitronenschale
15 g Speisestärke
20 g Mehl
150 ml Milch
50 ml Sahne
5 Eigelb
Puderzucker

Den Blätterteig auftauen lassen und 16 Kreise mit einem Durchmesser von etwa 15 Zentimeter ausstechen – je nach Größe der Muffinformen, in der die Pastéis de Nata gebacken werden. Diese runden Teigplatten müssen so groß sein, dass sie sowohl den Boden der Formen als auch deren Innenseite auskleiden. Formen ausbuttern und jeweils eine Teigplatte hineinlegen und leicht andrücken.

Für die Creme Wasser mit Zucker, Zimtstange und Zitronenschale zum Kochen bringen und rund 15 Minuten köcheln lassen, bis die Flüssigkeit eine leicht sirupartige Konsistenz hat. Die Zimtstange herausnehmen. Mehl, Speisestärke und Sahne in einer Schüssel zu einer glatten Masse verrühren. Milch in einen Topf geben, die Mehl-Speisestärke-Sahne-Mischung dazugeben und unter ständigem Rühren mit dem Schneebesen aufkochen. Sobald sie anfängt, anzudicken, vom Herd nehmen und mit dem Schneebesen den Zuckersirup einrühren. Kräftig durchrühren. Nun die Eigelbe hineingeben, dabei wiederum mit dem Schneebesen ständig kräftig rühren.

Die Muffinformen auf ein Backblech stellen und diese Masse in die Formen gießen. Im vorgeheizten Backofen bei 200 Grad Umluft ca. 12 bis 14 Minuten backen. Die fertigen Pastéis de Nata mit Puderzucker bestäuben.

Piri-Piri-Hähnchen

Piri-Piri ist die portugiesische Bezeichnung für Chilischoten. Piri-Piri im Namen eines Gerichtes ist also immer ein klarer Hinweis darauf, dass hier all jene auf ihre Kosten kommen, die scharfes Essen lieben.

Je nach Größe der Hähnchen benötigt man ein oder zwei Stück. Die Hähnchen zerlegen: Keulen und die Flügel abtrennen und die Brustfilets auslösen.

Alle Zutaten für die Marinade werden zusammen fein püriert – entweder in einem Mixer oder mit dem Pürierstab.

Die Hähnchenteile in eine Schüssel legen, mit dieser Marinade übergießen und mehrmals wenden, damit sich die Marinade gut verteilt. Die Schüssel abgedeckt in den Kühlschrank stellen und alles 24 Stunden marinieren lassen.

Am nächsten Tag die Hähnchenteile nebeneinander in einen Bräter legen, mit Salz und Pfeffer bestreuen.

Den Backofen auf 170 Grad vorheizen, den Bräter auf die mittlere Einschubleiste stellen und bei Ober- und Unterhitze etwa 40 Minuten garen. Wer ein perfektes Ergebnis haben möchte, legt die Brustfilets erst während der letzten 20 Minuten in den Bräter. Sie brauchen weniger Garzeit als die Keulen und bleiben dann saftiger.

Ideale Beilage: Pommes frites oder Reis.

Zutaten für vier Personen

Je nach Größe ein oder zwei Hähnchen

Marinade

100 g Paprikaschote ohne Haut
50 ml Weißweinessig
1 gehäufter TL Chiliflocken
4 Knoblauchzehen
150 g klein geschnittene Zwiebel
140 ml Olivenöl
1 TL Oregano
1 TL Thymian
2 TL edelsüßes Paprikapulver
1 TL Honig
2 TL Meersalz
1 TL schwarzer Pfeffer
Saft und abgeriebene Schale von 1 Zitrone

Venusmuscheln nach Bulhao-Pato-Art

Zutaten für vier Personen

2 kg Venusmuscheln
6 EL Olivenöl
4 Knoblauchzehen
1 Bund Koriander
¼ l trockener Weißwein
Saft von ½ Zitrone
4 große oder 8 kleine Scheiben Weißbrot
Salz, Pfeffer

Bulhao-Pato-Art: das ist eine traditionelle Zubereitungsart für Venusmuscheln in Portugal.

Die Venusmuscheln unter fließend kaltem Wasser abbrausen und säubern. Vor allem Sand, der oft noch an den Muscheln klebt, wird dadurch weggespült. Muscheln, die nach dieser Prozedur nicht geschlossen, sondern noch offen sind, werden weggeworfen, sie sind schlecht.

Knoblauchzehen schälen und in dünne Scheiben schneiden. Korianderblätter von den Stängeln zupfen.

4 große oder 8 kleine Weißbrotscheiben im Toaster rösten.

In einem großen Topf wird das Olivenöl nicht zu stark erhitzt. Den Knoblauch dazugeben und sanft dünsten, bis er eine hellgelbe Farbe angenommen hat. Dann die Korianderblätter auf den Knoblauch legen und die Muscheln darüberschütten. Wein darübergießen und mit einer Prise Salz und Pfeffer würzen. Dann den Topf mit dem Deckel schließen. Die Hitze ganz hochdrehen. Nach rund 5 Minuten den Deckel heben: Wenn die Muscheln geöffnet sind, sind sie gar. Sonst noch 1-2 Minuten weiter kochen. Sollte sich dann unter den geöffneten Muscheln noch die eine oder andere geschlossene Muschel befinden, muss diese weggeworfen werden.

In vorgewärmte tiefe Teller eine oder zwei der getoasteten Weißbrotscheiben legen. Die Muscheln mit einer Siebkelle aus dem Topf heben und darauf verteilen. Dann den Kochsud darübergießen mit etwas Zitronensaft beträufeln.

mpf!!!örrgm pffemplompf… gruuf!!!schlug!
Er will uns was sagen
FISCH? GROSSER FISCH?
P. GAY

P. GAY

T. GAY

YOGA für Schweizer

Der Tell-Gruß

Das Alphorn

Der Gotthard-Tunnel

Das Matterhorn

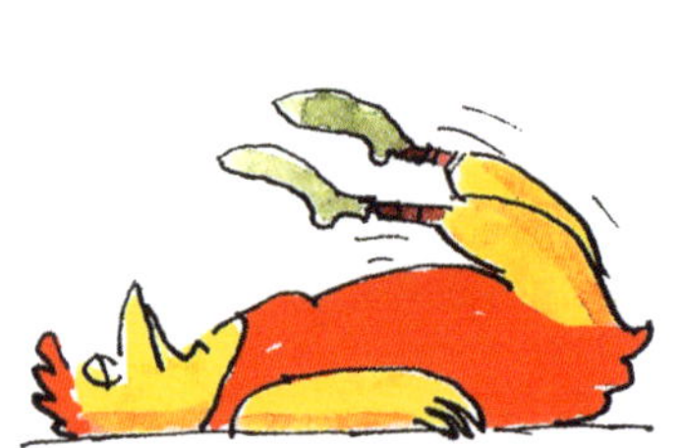

Das Taschenmesser

Der Emmentaler

Der Franken

Der Bernhardiner

Die Lawine

P. GAY

En Guete mitenand!

Walliser Stuben

Der aufmerksamen Nase ist es nicht entgangen: Ein zart-würziger Duft von Raclettekäse liegt in der Luft. Da können die Walliser Stubenn nicht mehr weit sein! Und in der Tat: **Original Schweizer Rösti,** mit echtem **»Val d'Or«-Raclettekäse** überbacken, gehören unter den zahlreichen zünftigen alpenländischen Leckereien, die hier zubereitet werden, zu den absoluten Rennern. Da darf man dann auch bei der Weinauswahl in die benachbarte Schweiz schauen und greift gerne zu den Qualitätstropfen vom Weingut Mathier aus dem Schweizer Weindorf Salgesch im Kanton Wallis.

Ebenfalls sehr beliebt: **heiße »Klöpfer« oder »Chlöpfer«**, wie in der Schweiz die im Wasserbad erwärmten Brüh- oder Knackwürste heißen, die mit Senf und Roggenbrot verspeist werden. Werden diese Würste jedoch in einem halb aufgeschnittenen Brötchen gereicht, dann ist das ein **»Iklemmts«**, also ein in das Brötchen eingeklemmtes Würstchen.

Aber zurück zum Käse: Selbstverständlich darf auf der Speisekarte das **Käsefondue** nicht fehlen, eines der ursprünglichsten und bekanntesten Käsegerichte überhaupt. Hier kommt es vor allem auf die richtige Käsemischung an: **Emmentaler und Greyerzer (Gryère),** und zwar halbe-halbe gemischt, ist perfekt!

T. GAY

Käsefondue

Die Knoblauchzehe halbieren und den Fonduetopf damit gut ausreiben. Käse und Wein in den Topf geben, den Rest der Knoblauchzehe durch die Presse dazudrücken und alles zusammen unter ständigem Rühren auf dem Herd langsam erhitzen, bis der Käse geschmolzen ist und sich mit dem Wein zu einer cremigen Konsistenz verbunden hat.

Dann die Speisestärke mit einem Schuss kaltem Wasser glatt anrühren und zusammen mit dem Kirschwasser dazugeben, verrühren und noch einmal kurz aufkochen. Mit Pfeffer, Muskat und Salz (vorsichtig, da der Käse schon Salz mitbringt) abschließend würzen.

Den Fonduetopf auf einem Rechaud auf den Tisch stellen und mit in Würfel geschnittenem Baguette servieren.

Zutaten für vier Personen

400 g Emmentaler
400 g Greyerzer (Gruyère)
1 Knoblauchzehe
350 ml trockener Weißwein
50 ml Kirschwasser
1 EL Speisestärke
etwas Wasser
Salz, Pfeffer, Muskat

Rösti mit Raclettekäse überbacken

Zutaten für vier Personen

500 g halbfest kochende Kartoffeln
Salz, Pfeffer, Muskat
Bratöl
2 EL Butter
200 g geriebener Raclettekäse

Die rohen Kartoffeln auf einer Reibe grob raspeln und mit Salz, Pfeffer und Muskat kräftigen würzen und gut vermischen. 5 Minuten ruhen lassen. Die Kartoffeln auf ein Geschirrtuch schütten und das Wasser aus den Kartoffeln herauswringen.

In einer Pfanne Öl erhitzen, die Kartoffelraspeln in die Pfanne geben und gleichmäßig verteilen. Bei nicht zu starker Hitze rund 10 Minuten braten, dann den Rösti wenden und auf den anderen Seite ebenfalls 10 Minuten braten. Die Butter an den Rand der Pfanne geben, so dass diese schmilzt und in die Pfanne hineinläuft. 2 weitere Minuten braten.

Die Pfanne sollte so groß sein, das der Rösti etwa 2 Zentimeter dick wird.

Den Rösti auf eine feuerfeste Platte gleiten lassen, mit Käse bestreuen und im Backofen bei 160 Grad ein paar Minuten überbacken bis der Käse geschmolzen und leicht gebräunt ist.

Der Rösti kann als Beilage dienen oder mit Salat als Hauptmahlzeit.

Das glaubt
mir keiner.
P. GAY

Wieso? Sind ja auch unsere Eier drin.
WEG DA!!
Lecker
KÄSESPÄTZLE
P. GAY

Käsespätzle

Zutaten für vier Personen

500 g Mehl, Typ 480
6 Eier
125 ml Milch
Salz, Pfeffer, Muskat

1 große weiße Zwiebel
1 EL Butter

300 g geriebener kräftiger Käse (Raclette, Greyerzer)

Mehl, Eier, Milch, Salz, Pfeffer und Muskat in einer Schüssel mit dem Kochlöffel zu einem zähflüssigen Teig verrühren. Ist der Teig zu fest, kann man mit ein wenig Wasser nachhelfen.

Die Schüssel mit einem Küchentuch abdecken und den Teig bei Zimmertemperatur 10 Minuten ruhen lassen.

In dieser Zeit die Zwiebel in feine Scheiben schneiden und diese in einer Pfanne in Butter goldbraun braten. Beiseitestellen.

In einem großen Topf Salzwasser zum Kochen bringen und nun den Spätzleteig entweder ins kochende Wasser hinein schaben (Originalmethode), durch einen speziellen Hobel oder durch eine Spätzlepresse ins Wasser bringen. Sobald die Spätzle an der Wasseroberfläche schwimmen, werden diese mit einer Siebkelle heraus geholt, kurz kalt abgebraust und in einer Schüssel zwischengelagert.

In eine ausgebutterte, feuerfeste Form eine Schicht Spätzle legen, mit Käse bestreuen, mit Pfeffer und Muskat würzen, dann eine weitere Schicht Spätzle einfüllen, wieder mit Käse bestreuen, würzen und dies so lange wiederholen (3 - 4 Schichten) bis Spätzle und Käse aufgebraucht sind.

Zum Schluss die Zwiebeln gleichmäßig über alles verteilen und in den auf 180 Grad vorgeheizten Backofen, Ober- und Unterhitze, schieben und etwa 15 Minuten überbacken.

Mit fein geschnittenem Schnittlauch garnieren und am besten mit einer Schüssel Salat servieren.

So fängst
du nie
was.
P. GAY

Smaklig måltid!

Fjord Restaurant

Das »Fjord Restaurant« ist ein typisches skandinavisches Fischrestaurant. Ein Holzhaus in einladendem Blau gestrichen und mit weißen Schnitzereien an der Fassade, innen liebevoll ausgestattet mit maritimen Erinnerungsstücken.

Wo, wenn nicht hier, sollte man den ersten Appetit mit einem **herzhaften Smörrebröd** stillen? Smörrebröd ist weit mehr als nur ein einfaches Vesperbrot. Vielmehr wird die Basis, in der Regel ein herzhaftes Roggenbrot mit Butter, derart opulent belegt, dass es in der **dänischen Küche** durchaus auch als vollwertiges Mittagessen gilt. Ob Hering, Garnelen, Roastbeef, Schinken, kalter Braten oder was auch immer – der Phantasie sind hier keine Grenzen gesetzt. Einzige Voraussetzungen: Üppig muss der Belag sein, frisch und herzhaft.

Köttbullar – nein, das ist nicht die Erfindung eines schwedischen Möbelhauses, sondern ein uraltes, traditionelles Gericht aus Fleischbällchen, die in einer Pfanne in Butter gut angebraten und mit Kartoffelpüree und Preiselbeeren serviert werden.

Klar, dass in einem skandinavischen Restaurant Fischgerichte nicht fehlen dürfen. Saftig gebratener Lachs mit Dillschmand, gedünstetem Fenchel, Lauch und Karotten sowie feinen Butternudeln stehen in der Beliebtheitsskala ganz weit oben.

Köttbullar

Zutaten für vier Personen

600 g Rinderhack
1 helles Brötchen vom Vortag
100 ml Milch
1 Ei
1 mittelgroße Zwiebel
½ TL Piment
300 ml Rinderfond
60 ml Sahne
1 EL Butter zum Braten

1 EL Mehl
2 TL Sojasoße
Salz, Pfeffer

Brötchen in ganz kleine Stückchen schneiden und in der leicht erwärmten Milch einweichen.

Zwiebeln sehr fein hacken und in Öl glasig anschwitzen.

Hackfleisch, Zwiebeln, Ei und Piment mit dem eingeweichten Brötchen gut vermengen und mit Salz und Pfeffer abschmecken. Diese Masse mit leicht angefeuchteten Händen zu Bällchen von etwa 3 Zentimeter Durchmesser rollen, auf einen Teller legen, abdecken und 30 Minuten im Kühlschrank ruhen lassen.

Die Köttbullar in einer Pfanne in Butter rundherum gut anbraten, aus der Pfanne nehmen.

Mehl in der Pfanne in dem Bratfett anschwitzen, bis sich Mehl und Fett miteinander vermischt haben. Dann den Rinderfond unter Rühren mit dem Schneebesen eingießen. Wenn alles gut miteinander vermengt ist, einmal aufkochen. Die Sahne unterrühren und bei mittlerer Hitze ein paar Minuten einkochen lassen. Mit Sojasoße und Pfeffer abschmecken. Die Köttbullar in diese Soße legen und darin erhitzen. Dabei die Pfanne ab und zu schwenken.

Mit Kartoffelpüree und Preiselbeeren servieren.

Buttermilch-Hähnchen in Knusperpanade

Zutaten für vier Personen

4 Hähnchenbrüste
400 ml Buttermilch
1 TL Zitronenpfeffer
2 Eier
200 g Mehl
250 g Panko-Paniermehl
200 g Butter zum Braten

Die Hähnchenbrüste der Länge nach halbieren, auf ein Brett legen, mit einer Klarsichtfolie abdecken und mit einem Klopfer leicht plattieren.

Buttermilch mit Zitronenpfeffer verrühren, das Hähnchenfleisch hineinlegen und über Nacht im Kühlschrank marinieren lassen.

Eier aufschlagen und mit Mehl verrühren. Der Teig sollte eine eher dünne Konsistenz haben. Das Hähnchenfleisch aus der Buttermilch nehmen, in dem Teig wenden und dann mit Panko-Paniermehl panieren. In der Pfanne in Butter auf beiden Seiten goldgelb ausbacken. Man kann das Fleisch auch in der Fritteuse frittieren.

Als Beilage passen Kartoffel-Gurken-Salat mit Preiselbeeren und Zitronenschnitzen.

Nudelpfanne mit Lachstranche

Fenchel, Karotten und Lauch putzen und in feine Streifen schneiden. In einer Pfanne in Butter anschwitzen.

Dill hacken, mit dem Schmand vermischen und mit Zitronensaft, Salz und Pfeffer abschmecken.

Tagliatelle in Salzwasser al dente kochen und mit dem Gemüse vermischen.

Das Lachsfilet kalt abwaschen und in vier gleiche Tranchen schneiden. Die Scheiben auf beiden Seiten in der Pfanne in Butter anbraten. Die Garzeit pro Seite schwankt zwischen 3 und 8 Minuten, ja nach Dicke der Tranchen und ob man es innen noch glasig oder durchgebraten haben möchte.

Nudeln auf Tellern anrichten, jeweils eine Lachstranche darauflegen und mit dem Dill-Schmand überziehen.

Zutaten für vier Personen

600 g Lachsfilet ohne Haut
300 g Fenchel
150 g Karotten
150 g Lauch

1 Bund Dill
200 g Schmand
Saft von einer Zitrone
Salz, Pfeffer

Butter zum Dünsten und Braten

500 g Tagliatelle

P. GAY

Smörrebröd mit Hering

Zutaten für vier Personen

4 Scheiben Schwarzbrot
gesalzene Butter
1 große saure Gurke
1 Kopf Romana-Salat
4 eingelegte Heringsfilets
1 rote Zwiebel
Kresse
Meersalz

Den Salatkopf in seine einzelnen Blätter zerlegen. Die Blätter waschen und gut trocken schütteln. Die saure Gurke der Länge nach in Scheiben schneiden. Die Zwiebel in feine Ringe schneiden.

Die Schwarzbrotscheiben mit Butter bestreichen, mit einigen Salatblättern belegen und eine Gurkenscheibe auf die Salatblätter legen. Die Heringsfilets gut abtropfen lassen, halbieren und darauflegen. Leicht mir grobem Meersalz bestreuen. Zum Schluss Zwiebelringe auf dem Hering verteilen und mit Kresse bestreuen.

Smörrebröd mit Roastbeef

Den Salatkopf in seine einzelnen Blätter zerlegen. Die Blätter waschen und gut trocken schütteln. Die saure Gurke der Länge nach in Scheiben schneiden. Eier hart kochen.

Schwarzbrotscheiben mit Butter bestreichen, mit einigen Salatblättern belegen und eine Gurkenscheibe auf die Salatblätter legen. Roastbeefscheiben darauf verteilen und mit Meersalz würzen. Die Eier in Scheiben schneiden und darauflegen. Mit Remoulade bestreichen und mit Kresse bestreuen.

Zutaten für vier Personen

4 Scheiben Schwarzbrot
gesalzene Butter
1 große saure Gurke
1 Kopf Romana-Salat
240 g fein aufgeschnittenes Roastbeef
2 Eier
Meersalz
4 EL Remoulade
Kresse

EP-EXPRESS
P. GAY

¡Buen provecho!

Don Quichotte

Spaniens Küche gehört zu den vielfältigsten und abwechslungsreichsten im ganzen Mittelmeerraum. Allein schon die Auswahl an Tapas und Pinchos, die sich in den Vitrinen spanischer Weinkneipen so fein und vielfältig präsentieren, dass man oft nicht so richtig weiß, womit man denn nun anfangen soll – genau so wie hier, in der Bodega im Europa-Park. **Kleine Häppchen mit allem drauf, was das Land hergibt und was das Herz begehrt!**

Und selbstverständlich darf eine raffiniert gewürzte und in einer Pfanne auch für das Auge lecker angerichtete Paella in keinem spanischen Restaurant fehlen. Mit Meeresfrüchten oder lieber mit Hühnchen und Kaninchen? Hier im **»Don Quichotte«** werden beide Wünsche auf überzeugende Weise erfüllt. Was einst als Essen für die nicht so wohlhabende Bevölkerung auf dem Land begann und in dem alles verwertet und mit Reis vermischt wurde, was gerade zur Hand war, ist heute zu einer Delikatesse geworden, wenn zum Beispiel punktgenau gebratene Rote Garnelen das Gericht zieren.

Fällt die richtige Wahl bei diesem Angebot immer wieder mal schwer, so gibt es in der Regel kaum eine Diskussion, wenn es um die Nachspeise geht: Hier ist und bleibt die **Crema Cartalana bei Jung und Alt der unangefochtene Favorit.**

P. GAY

Crema Catalana

Zutaten für vier Personen

½ l Milch
Schalenabrieb von ½ Bio-Zitrone
Schalenabrieb von einer Bio-Orange
1 Prise Zimtpulver
6 Eigelb
120 g Zucker
30 g Speisestärke

3-4 EL Milch zum Anrühren der Speisestärke

Zitrone und Orange waschen, trocknen und dann die Schale abreiben. Die Milch mit diesem Schalenabrieb und dem Zimt einmal aufkochen, vom Herd nehmen und dann mindestens 15 Minuten ziehen lassen, damit das Aroma von den Schalen in die Milch kommt.

Die Eigelbe in einem Topf mit dem Zucker vermengen. Dann unter kräftigem Rühren mit dem Schneebesen die lauwarme Milch zu der Eigelb-Zucker-Mischung gießen. Die Speisestärke mit etwas kalter Milch anrühren und ebenfalls hineinrühren. Den Topf auf den Herd stellen und unter ständigem Rühren so lange leicht köcheln, bis die Creme dickflüssig ist.

Die Creme nun in die typischen runden Tonschalen füllen und mindestens 5 Stunden in den Kühlschrank stellen. Man kann die Crema Catalana ohne weiteres schon am Vortag zubereiten und über Nacht im Kühlschrank lassen.

Crema Catalana
Crème brûlée
Echt gemein!
T. GAY

Gefüllte Calamari

Zutaten für vier Personen

4 Calamari-Tuben (frisch oder TK)

Füllung
100 g rohe Garnelen
80 g gekochte Kichererbsen
40 ml Olivenöl
100 g gekochter Reis
60 g Pimentos de Piyuille oder Spitzpaprika
60 g Schalotten
60 g gehackte Mandeln
2 Scheiben Toastbrot
½ gestrichener TL geräuchertes Paprikapulver
½ gestrichener TL Cayennepfeffer
1 durchgedrückte Knoblauchzehe
4 Stängel glatte Petersilie
Schalenabrieb von einer Bio-Zitrone

Für die Backform
400 g Strauchtomaten
4 mittelgroße rote Zwiebeln
1 Knoblauchzehe
2 Bio-Zitronen

Spitzpaprika-Öl
1 Spitzpaprika
5 EL Olivenöl
½ Teelöffel Chilipulver
Salz

Olivenöl
½ Bund glatte Petersilie
½ Bund Koriander

4 Scheiben frisch geröstetes Weißbrot

Die Garnelen in einem Mixer zerkleinern. Die Kichererbsen und das Olivenöl dazugeben und weiter mixen, bis man eine gleichmäßige Paste hat.

Den Reis weich kochen, Schalotten fein würfeln und in einer Pfanne in Olivenöl glasig dünsten. Die gehackten Mandeln in einer Pfanne goldgelb rösten. Die Petersilie von den Stängeln zupfen und fein hacken. Vom Toastbrot die Rinde entfernen und in sehr kleinen Würfel schneiden. Pimentos oder Spitzpaprika klein würfeln und in einer Pfanne in Olivenöl etwa 5 Minuten anbraten. Alle diese Zutaten in einer Schüssel mit der Garnelen-Kichererbsen-Paste gut vermengen und mit Cayennepfeffer, geräuchertem Paprikapulver, Salz, Zitronenabrieb und durchgedrücktem Knoblauch abschmecken.

Die Calamari-Tuben innen und außen kalt abwaschen und mit dieser Masse füllen. Mit einem Holzzahnstocher verschließen.

Tomaten, rote Zwiebeln und eine Knoblauchzehe grob hacken und auf dem Boden einer feuerfesten Form verteilen.
Die Zitronen in dünne Scheiben schneiden und darauflegen.
Dann die Calamari nebeneinander darauf setzen.

Eine gegarte Spitzpaprika zusammen mit Olivenöl, Salz und Chilipulver mixen und damit die Calamari bestreichen.

Im auf 180 Grad vorgeheizten Backofen bei Umluft 18 Minuten garen.

Aus dem Ofen nehmen, mit Olivenöl beträufeln und mit gehackten Petersilie- und Korianderblättern bestreuen. Mit frisch geröstetem Weißbrot servieren.

T. GAY

Geschmorte Kaninchenkeule auf mallorquinische Art

Zutaten für vier Personen

4 Kaninchenkeulen
2 Zwiebeln
2 Karotten
100 g Staudensellerie
150 g Steinchampignons
4 Knoblauchzehen
50 g Ingwer
4 Tomaten
150 ml trockener Weißwein
100 ml Portwein
Schalenabrieb von 1 Orange
Saft von 1 Orange
1 l kräftige Geflügelbrühe
1 g Safran
½ TL Chilisalz
½ TL Kurkuma-Pulver

Etwas Speisestärke
Salz, Pfeffer
150 g Mandelblätter
100 g Rosinen
4 Stängel glatte Petersilie

Die Kaninchenkeulen in einem ausreichend großen Topf in Olivenöl von allen Seiten gut anbraten. Herausnehmen und beiseite stellen.

Zwiebeln, Karotten, Champignons, Knoblauch, Tomaten, Staudensellerie und Ingwer putzen und grob würfeln. In dem Topf, in dem die Keulen angebraten wurden, alle diese Zutaten mit Ausnahme der Tomate in Olivenöl anschwitzen, bis die Zwiebel- und Knoblauchstücke eine goldgelbe Farbe angenommen haben. Nun die Tomate dazugeben und mit einem Drittel Weißwein und Portwein ablöschen. Sobald die Flüssigkeit fast eingekocht ist, ein weiteres Drittel Weißwein und Portwein dazuschütten und wiederum einkochen lassen. Dann das letzte Drittel dazugießen und nochmals einkochen lassen. Nun den Geflügelfond hineingießen, Safran, Pfeffer, Chilisalz und Kurkuma dazugeben, einmal aufkochen und dann die Kaninchenkeulen hineinlegen. Im Backofen bei 140 Grad, Ober- und Unterhitze, rund 50 Minuten schmoren. Wenn man mit einer Gabel gut in das Fleisch hineinstechen kann, sind die Keulen gar.

Die Keulen herausnehmen und im abgeschalteten Backofen warmhalten. Den Fond durch ein Sieb abgießen und mit dem Rücken einer Schöpfkelle die Gemüse gut ausdrücken. Diesen Fond in einem Topf auf die Hälfte einkochen. Die Soße mit Thymian, dem Schalenabrieb von der Orange, dem Orangensaft sowie mit Salz und Pfeffer abschmecken. Bei Bedarf mit etwas Speisestärke abbinden. Die Soße nochmals durch ein feines Sieb abgießen. Rosinen und Mandelblätter in einer Pfanne leicht anrösten.

Soße erneut erhitzen und zusammen mit den Kaninchenkeulen servieren. Die Mandelblätter mit den Rosinen und fein gehackter Petersilie zum Schluss darüber streuen.

Als Beilage passt ein Stück geröstetes Baguette mit Knoblauchbutter.

Meeresfrüchte-Paella aus dem Ofen

Den Reis in einem Sieb kurz kalt abbrausen. Alle Zutaten mit Ausnahme der Garnelen und der Spitzpaprika gleichmäßig in einer Paella-Pfanne verteilen und im Backofen bei 240 Grad Umluft 15 bis 20 Minuten garen. Die Hühnerbrühe kommt von Anfang an dazu. Falls der Reis noch nicht gar sein sollte, die Pfanne mit Alufolie abdecken und weiter garen.

Spitzpaprika in einer Pfanne in Olivenöl ringsum kräftig anbraten und dann in der Pfanne ziehen lassen, bis sie weich sind.

Garnelen in einer Pfanne in Olivenöl zusammen mit dem Thymian und dem in feine Scheiben geschnittenen Knoblauch kurz anbraten, so dass die Garnelen innen noch glasig sind.

Garnelen und Spitzpaprika auf der fertigen Paella verteilen und mit Zitronenschnitzen garnieren.

Zutaten für vier Personen

300 g Paella-Reis
1 l Hühnerbrühe
250 g gemischte Meeresfrüchte
150 g Miesmuscheln
150 g Venusmuscheln
200 g Paprikaschoten, fein gewürfelt
150 g TK-Erbsen
150 g Pulpo-Stücke
2 EL Olivenöl

2 Spitzpaprika
8 rohe rote Garnelen
1 Knoblauchzehe
2 Thymianstängel

1 Zitrone

Pollo Fino und Kaninchen-Paella

Zutaten für vier Personen

200 g Paella-Reis
1,6 l Hühnerbrühe
80 g klein gehackter Knoblauch
800 g Pollo Fino
4 Kaninchenkeulen
280 g in Würfel geschnittene Tomaten
220 g Buschbohnen
4 gegrillte Spitzpaprika

4 g Safran
2 TL süßes Paprikapulver
3 Rosmarinzweige
1 Zitrone, Salz, Pfeffer

Kaninchen und Pollo Fino in einer Paella-Pfanne in Olivenöl von allen Seiten kräftig anbraten und mit Salz und Pfeffer würzen. Dann den Reis hinzufügen und kurz mit anschwitzen, so dass die Reiskörner ein bisschen glasig werden. Tomaten, Spitzpaprika, Safran, Knoblauch, Paprikapulver und Bohnen dazugeben und ebenfalls kurz mit anschwitzen.

Nun die Brühe angießen, aufkochen, nicht mehr in der Pfanne rühren und den Reis 10 Minuten köcheln lassen. Rosmarinzweige obenauf legen und die Pfanne mit Alufolie abdecken und weiter auf kleiner Flamme simmern lassen, etwa weitere 10 Minuten, dann ist der Reis gar.

Ganz zum Schluss die Hitze für einen halbe Minute sehr stark hochdrehen, damit der Reis unten ansetzt, sogar leicht anbrennt. Das nennt man Socarrat und bringt den typischen Geschmack an die Paella. Mit Zitronenschnitzen dekorieren.

P. GAY

Genießen mit allen Sinnen

Ammolite – The Lighthouse Restaurant

Das »Ammolite – The Lighthouse Restaurant« stellt eine eigene Kategorie in der Gastronomie des Europa-Park dar. Ausgezeichnet mit zwei Michelin-Sternen, 18 Gault-Millau-Punkten sowie der Wahl zum Restaurant des Jahres 2020 durch die Zeitschrift »Der Feinschmecker«, gehört es zu den besten Restaurants Deutschlands.

Hochküche ohne Hokuspokus, edles Ambiente und exklusive Atmosphäre ohne Schnickschnack und frei von elitärer Attitüde – so lässt sich das Gesamtkonzept dieses Restaurants am besten zusammenfassen. Modernes Design mit Stil und Klasse verbinden sich zu einer eleganten, aber nie aufdringlichen Kulisse zum Wohlfühlen und für gelebte Genusskultur. **Der international renommierte Hoteldesigner Claudio Carbone** hat hier eine Raumatmosphäre geschaffen, die Transparenz, Offenheit und Großzügigkeit vereint.

»Around the World« und **»Green Forest«** hat das Team um **Chefkoch Peter Hagen-Wiest** seine beiden Menüs mit jeweils sieben Gängen getauft. Beide führen in eine jahreszeitlich geprägte kulinarische Erlebniswelt mit unterschiedlichen Akzenten, die ihresgleichen sucht: Das Erste begeistert mit Kompositionen aus Gemüse, Fisch und Fleisch. **»Green Forest« hebt Vegetarisches auf ein neues kulinarisches Niveau.** Bei beiden Menüs kommt der Käse von einem der besten Affineure weltweit, von **Maître Antony aus dem benachbarten Elsass.**

Das Dessert wird aus 7 Bestandteilen komponiert: Birnen-Passionsfrucht-Chutney, Birnen-Safran-Fond, Birnenmacarons, Birnenmousse, Birnen-Safran-Gelee, Birnensorbet und Schokoladen-Sablé.

Birnen-Passionsfrucht-Chutney

Die getrockneten Birnen werden sehr klein gewürfelt und dann mit dem Orangensaft und dem Mark von der Passionsfrucht vermengt. Bei mittlerer Hitze einkochen lassen, bis die Flüssigkeit um etwa die Hälfte reduziert ist.

Zutaten für jeweils vier Personen 40 g getrocknete und geschwefelte Birnen / 80 g Orangensaft / 10 g Mark von der Passionsfrucht

Birnen-Safran-Fond

Die Birnen schälen, das Kernhaus herausschneiden und dann grob raspeln. Die getrockneten Birnen ebenfalls raspeln oder klein würfeln. Wein, Sekt und Zucker aufkochen, Safran und Birnen dazugeben und 10 Minuten köcheln lassen. Gewürze dazugeben und über Nacht abgedeckt im Kühlschrank durchziehen lassen. Am nächsten Tag durch ein feines Mulltuch auspressen und den Saft auffangen.

Zutaten 1 kg Birnen / 100 g getrocknete und geschwefelte Birnen / 100 ml trockener Sekt / 200 ml trockener Weißwein / 30 g Zucker / 1 Zimtstange / 1 Sternanis / 3 Nelken / 5 Safranfäden

Birnenmacarons

Alle Zutaten vermengen und mit dem Schneebenseneinsatz des Handmixers schaumig aufschlagen. Die Masse in einen Spritzbeutel füllen und mit der kleinen Tülle Schaumhäufchen auf ein Backpapier spritzen. Im Backofen bei 40 Grad etwa 2 Stunden trocknen lassen.

Zutaten 20 g Eiweiß / 20 g Zucker / 35 g von dem Birnen-Safran-Fond / 10 g Albuminpulver zum Backen

Birnenmousse

Birnenmark, Sahne, Eigelb, Williams-Birnen-Schnaps, Pralinenmasse und Maronenpüreee im Thermomix auf 85 Grad erhitzen. Die Gelantine darin auflösen. Dann das Mark von der Passionsfrucht und Chutney dazugeben. Die Masse auf ein Blech gießen, so dass sie rund einen Zentimeter hoch steht. Im Tiefkühler anfrieren lassen und kleine runde Stücke ausstechen. Diese nebeneinander auf eine Platte legen und im Tiefkühler kalt halten.

Zutaten 110 g Birnenmark / 50 g Haselnuss-Pralinen-Masse / 50 g Maronenpüree / 100 g Sahne / 10 g Williams-Birnen-Schnaps / 36 g Eigelb / 1 Blatt Gelatine / 20 ml Mark von der Passionsfrucht / 32 g Birnen-Passionsfrucht-Chutney

Birnen-Gel

Birnen-Safran-Fond mit Gellan aufkochen, erkalten lassen und mit dem Mixer zu einer glatten Masse mixen.

Zutaten 100 ml Birnen-Safran-Fond / 1 g Gellan-Geliermittel

Birnen-Sorbet

Alle Zutaten miteinander vermengen und in der Eismaschine zu einem Sorbet gefrieren.

Zutaten 90 g Zucker / 350 g Birnen-Safran-Fond / 500 g Birnen-Püree / 20 g Williams-Birnen-Schnaps

Schokoladen-Sablé

Alle Zutaten miteinander vermengen. Masse auf ein Backpapier geben und etwa einen Zentimeter hoch glatt streichen. 30 Minuten ruhen lassen. In runde Taler ausstechen.

Zutaten 125 g Butter / 2 g Salz / 90 g Puderzucker / 30 g Mandelgrieß / 25 g Kakao / 210 g Mehl / 50 g Ei

Ente an Haferwurzel mit Rotkohl-Cannelloni

Die Keulen abschneiden und die Brustfilets herauslösen. Die verbleibende Karkasse der Ente in grobe Stücke hacken. Die Keulen in einem Topf oder einer tiefen Pfanne zusammen mit den Karkassen-Stücken in etwas Öl anbraten.

Die Gemüse putzten, fein würfeln, dazugeben und zusammen weiter anrösten. Tomatenmark dazugeben und noch ein paar Minuten alles zusammen weiter rösten. Dann mit Wein und Portwein ablöschen und die Flüssigkeit auf etwa die Hälfte einkochen. Nun den Fond angießen und im Backofen bei 160 Grad rund 45 Minuten schmoren, bis die Keulen weich sind.

Die Keulen herausnehmen, die Soße durch ein feines Sieb abgießen und auf etwa die Hälfte einkochen. Die Soße mit der Butter aufmontieren. Das Keulenfleisch von den Knochen lösen, grob zerrupfen und mit der Soße zu einem Ragout vermengen.

Die Brustfilets auf der Hautseite einritzen, auf der Hautseite 5 Minuten in einer Pfanne anbraten und dann im auf 140 Grad vorgeheizten Backofen weitere 10 Minuten garen. Danach 10 Minuten im abgeschalteten Backofen ruhen lassen.

Zutaten für jeweils vier Personen 1 Challenge-Ente / 4 Haferwurzeln / 1 Zwiebel / 1 Karotte / ¼ Sellerieknolle / 10 g Tomatenmark / 200 ml trockener Rotwein / 100 ml Portwein / 1 l Geflügelfond / 150 g kalte Butter

Haferwurzel

4 etwa 5 Zentimeter lange Stücke von der Haferwurzel mit Butter in einen Vakuumierbeutel geben und 15 Minuten im Wasserbad garen.

Die Kartoffeln schälen, in 2 Zentimeter große Würfel schneiden und in Salzwasser weich kochen. Abgießen und ausdampfen lassen. Dann die Kartoffelwürfel frittieren.

Die restlichen Haferwurzeln klein schneiden, in einem Topf leicht anbraten, den Fond dazugießen und weich kochen. Die Sahne dazugießen und weitere 5 Minuten kochen. Mit dem Mixer fein pürieren. Das Püree ist die Grundlage für die im Vakuumierbeutel gegarten Stücke von der Haferwurzel.

Rotkohl-Cannelloni

Aus einer Sellerieknolle 4 dünne Scheiben schneiden. Die Scheiben im Rote-Beete-Saft blanchieren, also ein paar Minuten sanft köcheln, so dass sie nur halb gar sind und sich rollen lassen, ohne zu brechen. Aus dem Saft nehmen und kurz kalt abbrausen.

Den Rotkohlsalat in die Selleriescheiben wickeln.

Zutaten 100 g Rotkohlsalat / 4 dünne Scheiben vom Knollensellerie / 100 ml Rote-Beete-Saft

Mir kommt keine Kalorie in den Mund, die nicht schmeckt!
P. GAY

Karotten-Vadouvan-Suppe

Vadouvan ist eine indische Gewürzmischung. Hauptbestandteile sind fermentierte Zwiebel, Knoblauch und Gewürze wie Kardamom, Muskat, Ingwer und Kümmel.

Karotten und Schalotten fein würfeln und zusammen mit Vadouvan in einem Topf in Butter anschwitzen, ohne dass die Schalotten Farbe annehmen, sondern nur glasig werden. Mit Weißwein und Noilly Prat ablöschen und etwa auf die Hälfte einkochen.

Den Geflügelfond dazugießen und so lange köcheln, bis die Karotten weich sind. Karottensaft und Sahne dazugeben und weiter köcheln bis etwa ein Drittel der Flüssigkeit eingekocht ist.

Mit Limettensaft, Curry und Salz abschmecken.

Zutaten für vier Personen

50 g Butter
125 g Schalotten
400 g Karotten
20 g Vadouvan Gewürzmischung
100 ml Noilly Prat
250 ml Weißwein
400 ml Karottensaft
1 l Geflügelfond
50 ml Sahne
Saft von einer halben Limette
1 Messerspitze Curry
Salz

Zander-Kürbis-Curry

Kürbis-Schaum

Den Kürbis und die Schalotten in etwa ein Zentimeter große Würfel schneiden. In einer Pfanne mit Butter sanft anbraten, so dass weder der Kürbis noch die Schalotten dunkle Stellen bekommen. Mit Currypulver bestäuben. Dann mit Wein und Noilly Prat ablöschen und etwas einkochen lassen. Den Geflügelfond dazugießen, weiter köcheln, die Sahne dazugeben. Mit dem Pürierstab mixen und durch ein feines Sieb streichen. Mit Salz, Pfeffer und eventuell noch etwas Currypulver abschmecken.

Zutaten für jeweils vier Personen 400 g Hokkaidokürbis / 100 g Schalotten / 50 g Butter / 1 TL Currypulver / 100 ml trockener Weißwein / 50 ml Noilly Prat / 500 ml Geflügelfond / 100 ml Sahne

Kürbis-Ragout

Den Kürbis grob raspeln, mit einem knappen gestrichenen Teelöffel Salz vermengen und eine Viertelstunde ziehen lassen. In der Butter in einer Pfanne anschwitzen, die Schaumsoße dazugeben und ein paar Minuten zu einem cremigen Ragout einkochen.

Zutaten 200 g Hokkaidokürbis / 1 knapper gestrichener Tl Salz / 20 g Butter

Zander

Die Zanderstücke 10 Minuten vor dem Anbraten ringsum leicht salzen. Dann trocken tupfen und auf der Hautseite in der Hälfte der Butter ein paar Minuten anbraten, bis die Haut kross ist. Den Zander wenden, die restliche Butter und die abgezupften Thymianblätter dazugeben, die Hitze reduzieren und den Zander je nach Dicke der Stücke noch 2-3 Minuten in der schäumenden Butter fertig garen.

Zutaten 4 Stücke Zanderfilet mit Haut à 60 g / 100 g Butter / 2 Thymianstängel

Das Eckige muss ins Runde!

… und zum guten Sch(l)uss: Das Runde muss ins Eckige!

Stadionwurst des SC Freiburg

Seit 30 Jahren besteht die Partnerschaft zwischen dem Europa-Park und dem SC Freiburg – zwei Unternehmen, die Werte wie Sympathie, Bodenständigkeit, Nachhaltigkeit sowie Unterhaltung und Emotionen für die ganze Familie miteinander verbindet. Im Oktober 2021 wurde dann der ganz große Schritt getan: seither heißt das neue Stadion des SC Freiburg **»Europa-Park Stadion«**.

Und weil auch hier Leib und Seele nicht zuletzt durch das Essen zusammengehalten werden, darf die **Stadionwurst** in diesem Buch nicht fehlen. Sie wird nach umfangreichen Testessen – unter anderem mit Fanvertreterinnen und Fanvertretern des SC Freiburg – von Edeka Südwest exklusiv produziert, selbstverständlich aus Fleisch der höchsten Haltungsstufe 4 von regionalen Erzeugern.

Dass ein solches Qualitätsprodukt ankommt, sieht man bei jedem Heimspiel:
Pro Besucher geht durchschnittlich eine halbe Wurst über die Tresen der Stadion-Kioske, bei ausverkauftem Haus also **rund 17.000 Würste!**

Da kaum jemand bei sich zuhause eine eigene Bratwurst herstellen wird, gibt es hier kein Rezept (die genaue Würzmischung ist ohnehin **Betriebsgeheimnis!**), dafür aber den Hinweis, dass sie nicht nur im Stadion angeboten wird, sondern auch an den Wursttheken in fast allen Filialen von Edeka Südwest.

SC FREIBURG 7
GÄSTE 0
P. GAY

REGISTER

Vorspeisen

Vegetarisch

Fisch

Geflügel

Fleisch

Dessert

M

N

O

P

R

S

T

V

Z

Köche mit Leidenschaft

Peter Hagen-Wiest | *Ammolite*
Er und sein Team stehen für eine moderne, internationale Küche, ohne dabei die Wurzeln und den Bezug zur Region zu verlieren. Sterneküche mit ausgesuchten regionalen Zutaten — das wird in nur wenigen Restaurants so raffiniert und stimmig kombiniert wie im »Ammolite«. Nachkochen? Auch für ambitionierte Hobbyköche eine echte Herausforderung!

Christophe Hoppenkamps | *Capitan's Finest / Bell Rock*
Mit verschmitztem Lächeln erklärt Christophe Hoppenkamps regionale Feinheiten: Franzose sei er als gebürtiger Elsässer ja eigentlich nicht. Dass der in Straßburg ausgebildete Koch sich in der deutsch-französischen Grenzregion und im Europa-Park wohl fühlt, ist deshalb kein Wunder. Im »Bell Rock« verantwortet er eine internationale Spitzenküche.

aptain's Finest
ESTAURANT

Raffaele Cannizzaro | *Medici*
Michelin-Sterne und Gault-Millau-Mützen hat Raffaele Cannizzaro jahrelang erkocht – im »Da Bruno« in Köln wie im »Rocco Forte« im »Hotel de Rome« in Berlin, um nur zwei seiner herausragenden Stationen zu nennen. All diese Erfahrungen bündelt er nun im Restaurant »Medici«. Dazu ein 2019er Barolo von Paolo Conterno, einem Freund der Familie Mack!

Horst Henning | *Parkrestaurants & Kantine*
Sein Herz schlägt für den Bereich Spices, für die Küche aus Afrika, Indien und Hawaii. Hier wechselt die Speisekarte dreimal im Jahr. Das fördert die Kreativität und langweilig wird es hier weder für die Küchen-Crew noch für die Gäste. Horst Henning gehört seit 2002 zum Team und freut sich schon auf die Zubereitung der nächsten Hawaii-Bowl.

Lucas Kowalski | *Tre Krønen*
Von den »Weltenbummler-Jahren« auf der MS Europa und vielen ebenso spannenden wie lehrreichen Stationen in 5-Sterne-Häusern in der Schweiz ist Lucas Kowalski erst 2023 zum kulinarischen Europa-Park-Team gestoßen. Seine Leidenschaft: das Grillen und insbesondere die Arbeit am offenen Feuerring.

Mario Krause | *Schloss Balthasar*
Seit 2019 ist Mario Krause Sous-Chef im »Schloss Balthasar«, jenem wunderbar restaurierten Prachtbau aus dem Jahre 1442. Hier kann der in Erfurt, Weimar und im Weingut Weber in Ettenheim ausgebildete Koch sein breit gefächertes kulinarisches Wissen entfalten, sei es beim Planen des Alemannischen Rittermahls oder bei badisch-elsässischer Regionalküche.

Thomas Röttele | *Hotel Resort*
Thomas Röttele stammt aus Gutach und ist Badener mit Leib und Seele. Kein Wunder, dass ihm eine ehrliche Küche aus regionalen Produkten besonders am Herzen liegt. Dass sich bodenständig und weltläufig nicht ausschließen, hat er in Thailand, Ägypten und an Bord des Kreuzfahrtschiffes »Vistafjord« bewiesen. Seit 2001 ist er Küchendirektor für alle Hotels im Europa-Park.

Jürgen Steigerwald | *Produktentwickler Food*
Wer für die »Produktentwicklung Food« im Europa-Park zuständig ist, muss in der Welt der Gastronomie viel gesehen und ein feines Gespür entwickelt haben, was kulinarisch kommt und was sich überlebt hat. In so renommierten Häusern wie dem »Bareiss« in Baiersbronn und der »Villa Hammerschmiede« in Pfinztal hat Jürgen Steigerwald dies perfektioniert.

Matthias Striffler | *El Andaluz*
2007 wurde Matthias Striffler vom Restaurantführer Gault & Millau zum Küchenchef des Jahres gekürt. Bis hin zum Küchenchef des Park-Hotels »El Andaluz« mit den Restaurants »Castillo« und »Sala Santa Isabel« ging sein Weg konsequent bergauf. »Le Bristol« in Paris, »Cap-Eden-Roc« an der Côte d'Azur, »Schloss Lerbach« bei Dieter Müller gehören zu seinen prägnantesten Stationen.

Holger Strütt | *Culinary Consultant*
Vom Geburtsort im Schwarzwälder Wiesental über Amerika, wo er 20 Jahre gelebt hat, und dann nach Rust – für Holger Strütt hat sich der Kreis geschlossen. Seit 2012 ist er als Culinary Consultant für die Special Events zuständig. Weil die Qualität der Produkte an vorderster Stelle steht, präsentiert er stolz ein Prachtexemplar von einem »Dry Aged«-Rinderrücken.

Hans-Albert Stechl

Einfach gut gekocht

Hans-Albert Stechl, 1949 in St. Georgen im Schwarzwald geboren, sammelt weder Bierdeckel noch Briefmarken und Golf spielt er auch nicht – Kochen ist sein Hobby. Und das seit Jahrzehnten.

Er ist als Anwalt für Arbeits- und Medienrecht in Freiburg tätig und erholt sich von Büro und Aktenstaub am liebsten zuhause am Herd sowie beim Schreiben über kulinarische Dinge.

Er hat an drei Dutzend Büchern über Kochen und genussvolles Reisen mitgearbeitet und ist Mitherausgeber des »Freiburger Marktkalenders«. Seit über 20 Jahren veröffentlicht er alle zwei Wochen seine Kochkolumne im Wochenend-Magazin der »Badischen Zeitung« mit Rezepten, die keinen Stress machen und immer gelingen. Ganz nach dem Motto seiner ersten Kochbücher: »Einfach gut gekocht«. Zuletzt hat er zusammen mit Peter Gaymann »Das Freiburg-Kochbuch« veröffentlicht.

Peter Gaymann

Das Gelbe vom Ei

Peter Gaymann, 1950 in Freiburg im Breisgau geboren, gehört zu den erfolgreichsten und beliebtesten Cartoonisten in Deutschland. Nach dem Studienabschluss (Sozialpädagogik) in seiner Heimatstadt machte er sich 1976 als humoristischer Zeichner selbstständig.

Über hundert Bücher sind von und mit Peter Gaymann erschienen, viele seiner Publikationen wurden Bestseller. Sein Markenzeichen sind die Hühner, die mit dem Kürzel P.GAY in Zeitschriften und Zeitungen, auf Postkarten, Kalendern, Postern und Radierungen der breiten Öffentlichkeit bekannt sind. Für die Frauenzeitschrift »Brigitte« brachte er 30 Jahre lang in der Reihe »Die Paar Probleme« die Herausforderungen im Zusammenleben von Mann und Frau auf den Punkt.

Peter Gaymanns Werke werden als Einzel- und Themenausstellungen in Galerien und Museen gezeigt – 2023 auch im Europa-Park Rust. Der Künstler lebt heute mit seiner Frau in einem umgebauten Gasthaus am Starnberger See.

KLICK
P. GAY

Wir sind ein bisschen stolz auf unser gemeinsames Werk – eine wie wir finden ziemlich köstliche Mischung aus leckeren Anregungen zum kreativen Kochen am eigenen Herd und einer ordentlichen Portion an schrägem Humor zum Schmunzeln und Lachen.

Wir bedanken uns bei allen, die mitgeholfen haben, denn ohne deren Rat und Tat, professionelle Mitarbeit und Unterstützung hätten wir das nicht hinbekommen.

Das gesamte Team des Europa-Park, das uns bei diesem Projekt unterstützt hat: insbesondere alle **Köche**, die Rezepte, Zutaten und die fertigen Gerichte für die Foodfotos punktgenau zubereitet haben und denen wir auf den Seiten 176 bis 179 ein ganz besonderes Dankeschön sagen, und dazu **Ronald Schwär, Horst Koppelstätter** und **Ralf Stumpf.** Diese Zusammenarbeit war so professionell, unkompliziert und herzlich, dass es eine pure Freude war.

Wolfgang Wick, der mit seinem Grafik-Design-Büro MAGENTA viele kreative Ideen eingebracht und alles in ein wunderbares Layout gegossen hat.

Michael Spiegelhalter, der mit seinem scharfen Blick durch die Linse des Fotoapparates tolle Bilder beigesteuert hat.

Torang Sinaga, der als Verlagsleiter das Projekt von der ersten Idee an unterstützt hat.

Christine Weis, die alles lektoriert und nicht nur den letzten Tippfehler beseitigt, sondern auch eingegriffen hat, wenn bei einer Zutatenliste etwas nicht stimmte.

Jürgen Hofmann von der Druckerei Hofmann in Emmendingen, der alles auf Naturpapier perfekt gedruckt hat.

Renate Heyberger, die seit vielen, vielen Jahren die Idee eines Europa-Park-Kochbuches mit sich umherträgt und glücklich ist, dass es jetzt geklappt hat und das Buch so toll geworden ist.

Gemeinsam mit den Europa-Park-Mäusen danken wir Euch allen!

Impressum

Originalausgabe

ISBN | 978-3-7930-9990-1

Cartoons & Illustrationen | Peter Gaymann
Rezepte | Hans-Albert Stechl | © Europa-Park
Idee & Konzept | Renate Heyberger,
Peter Gaymann, Hans-Albert Stechl

Fotografie | Archiv Europa-Park,
Michael Spiegelhalter, Hans-Albert Stechl, Wolfgang Wick,
Michael Wissing (Seite 162, 164, 167 und 168)

Assistenz | Maike Schroff
Textredaktion | Hans-Albert Stechl & Renate Heyberger
Lektorat | Christine Weis
Reprografie | Peter Trenkle, Freiburg

Gestaltung | Büro MAGENTA, Freiburg
Druck | Hofmann Druck, Emmendingen

Besuchen Sie unsere Website
→ **www.rombach-verlag.de**

Wir übernehmen Verantwortung – nicht nur für Inhalt und Gestaltung, sondern auch für die Herstellung. Das Papier für dieses Buch ist FSC-zertifiziert. Es entspricht den Standards der Kategorie »FSC Mixed Sources«. Auch die Druckerei ist FSC- und PEFC-zertifiziert.

FSC (Forest Stewardship Council) und PEFC (Programme for the Endorsement of Forest Certification Schemes) sind Organisationen, die sich weltweit für eine umweltgerechte, sozialverträgliche und ökonomisch tragfähige Nutzung der Wälder einsetzen, Standards für nachhaltige Nutzung der Wälder sichern und regelmäßig deren Einhaltung überprüfen. Durch die Zertifizierung ist sichergestellt, dass kein illegal geschlagenes Holz aus dem Regenwald verwendet wird und klare ökologische und soziale Grundanforderungen eingehalten werden.